# AS 7 PRAGAS DO BRASIL MODERNO

# JOACI GÓES

# AS 7 PRAGAS DO BRASIL MODERNO

PREFÁCIO
CARLOS AYRES BRITTO

*Copyright* © 2015  Joaci Góes

EDITOR
José Mario Pereira

EDITORA ASSISTENTE
Christine Ajuz

REVISÃO
José Grillo
Carla Dawidman

PRODUÇÃO
Mariângela Felix

CAPA
Miriam Lerner

DIAGRAMAÇÃO
Arte das Letras

CIP-BRASIL. CATALOGAÇÃO NA FONTE.
SINDICATO NACIONAL DOS EDITORES DE LIVROS, RJ.

G543s

    Góes, Joaci
    As 7 pragas do Brasil moderno / Joaci Góes; prefácio Carlos Ayres Britto. – 1ª ed. – Rio de Janeiro: Topbooks, 2015.
    129 p.; 23 cm.

    ISBN 978-85-7475-254-9

    1. Brasil – Usos e costumes. 2. Brasil – Civilização. 3. Brasil – Condições sociais. 4. Brasil – História. 5. Brasil – Aspectos políticos. I. Britto, Carlos Ayres, 1942-. II. Título.

15-25131                                        CDD: 981
                                                     CDU: 94(81)

TODOS OS DIREITOS RESERVADOS POR
Topbooks Editora e Distribuidora de Livros Ltda.
Rua Visconde de Inhaúma, 58 / gr. 203 – Centro
Rio de Janeiro – CEP: 20091-007
Telefax: (21) 2233-8718 e 2283-1039
topbooks@topbooks.com.br/www.topbooks.com.br
Estamos também no Facebook.

# SUMÁRIO

Prefácio – *Carlos Ayres Britto* .................................................. 11

Nota introdutória ...................................................... 15

1 – Educação ........................................................... 19

2 – Saúde ............................................................... 61

3 – Segurança Pública ................................................. 81

4 – Corrupção ......................................................... 105

5 – Impunidade ....................................................... 109

6 – Infraestrutura .................................................... 113

7 – Pluripartidarismo ................................................ 117

Referências Bibliográficas ........................................... 129

Ofereço este livro aos companheiros da Confraria da Boa Conversa, em cujo convívio tanto tenho aprendido:

Professor Roberto Santos, ex-governador da Bahia;
professor Luís Viana Netto, ex-senador da República;
professor Edivaldo Boaventura, ex-secretário de Educação;
empresário Ângelo Calmon de Sá, ex-ministro de Estado;
radialista Mário Kertész, ex-prefeito de Salvador.

# PREFÁCIO

*Carlos Ayres Britto**

Mais um livro de Joaci Góes. Desta feita, Joaci que vai fundo na carne da vida institucional brasileira. O Joaci que se faz agudo analista da cena institucional cotidiana para dar conta das prioridades constitucionais que as políticas públicas nacionais insistem em ignorar. Que prioridades? Antes de tudo, o combate eficaz à corrupção sistêmica e ao desperdício do dinheiro estatal no financiamento de obras, prestação de serviços e manutenção da máquina pública. Por que essa prioridade das prioridades? Porque o dinheiro que desce pelo ralo da corrupção e do desperdício é precisamente o que vai faltar para a implantação das outras sucessivas prioridades: educação, saúde, segurança pública, serviços igualmente públicos. Setores de que mais depende o bem-estar ou a qualidade de vida de toda a população, especialmente a mais economicamente sacrificada. Lógica meridiana, essa, do fecundo e inspirado autor do presente livro. Limpidez de água da chuva nos tempos dos nossos avós, que eram tempos de sagrado respeito à mãe-natureza.

---
* Ministro do Supremo Tribunal Federal.

Esse o conteúdo do livro. O seu núcleo temático mais duro ou contracto. Núcleo ou centro que tem por envoltório a mais inabalável crença do autor na Democracia. O que faz as investigações e análises aqui enfeixadas repousarem no ubérrimo seio da Constituição brasileira. Quero dizer: os temas centrais aqui versados são de fundamentalidade diretamente constitucional, assim como diretamente constitucional é a ambiência democrática em que eles têm de ser discutidos e concretizados em eventuais políticas públicas. Noutro modo de dizer as coisas, não há como separar fins e meios que a nossa Constituição ligou por modo umbilical. Rigorosamente visceral. E o fato é que Joaci Góes, neste primoroso livro que tenho a honra de prefaciar, nunca perde de vista esse necessário enlace de conteúdo e forma. De temas que deitam raízes na Constituição e seu modo democrático de discussão e implementação. A carrear para este livro o interesse tanto de um público juridicamente especializado quanto leigo.

Registro, agora, a superlativa qualidade literária do livro. Fazendo-o, assento que Joaci Góes é um comunicador nato. Seja como biógrafo de grandes personalidades brasileiras, seja como articulista, cronista, ensaísta, estudioso de sociologia, direito, política e filosofia. Acrescento: Joaci é um consumado mestre na ciência e na arte de falar bonito, escorreito e claro. Nasceu para isso. O que já significa dizer que tanto faz da experiência uma linguagem quanto da linguagem uma experiência. As palavras mais apropriadas o fisgam, ele fisga as palavras mais apropriadas para transmitir as mais originais percepções e sofisticadas reflexões do que se passa fora e dentro de si mesmo. Relação de unha e carne ou de retroalimentação com o vernáculo. Lendo-o, ou ouvindo-o, sempre me remeto para Guimarães Rosa com o seu "Ave, palavra", certamente para revelar que a linguagem simbólica ou convencional, de que as palavras são a mais evoluída forma, é parte elementar do ser humano. Compõe a personalidade de todo indivíduo. Sem ela, a humanidade não experimentaria o quântico salto que vai do hominídeo das cavernas ao *Homo sapiens* que avançou na direção da atual civilização digital. Que é a civilização do conhecimento mais profundo e da tecnologia mais refinada. O salto da linguagem para a metalinguagem, do mundo da natureza para o mundo da cultura, "da besta para o homem", como disse Steven Pinker.

Por tudo isso é que os escritos ora prefaciados evocam em nossas mentes e corações a ardente prece que às palavras dirigiu Cecília Meirelles, ao versejar por esta forma (cito de memória): "Ai, palavras, ai, palavras! Que estranha potência a vossa. Todo o sentido da vida começa à vossa porta". Salve, pois, o autor e seu novo livro. Salve a subjetividade do primeiro e a objetividade do segundo, ambos a conciliar por modo otimizado aquilo que é o sonho de todo escritor por vocação: aliar o apogeu estético do verbo à precisa análise dos temas. Aqui, um enfrentamento científico. Ali, um arrebatamento artístico.

Brasília, 2 de junho de 2015

# NOTA INTRODUTÓRIA

Salta aos olhos de qualquer analista que todos os grandes problemas brasileiros derivam, em última análise, de nosso deficiente e desigual sistema educacional. Em tese, portanto, as sete pragas que assolam o país poderiam ser reduzidas a apenas uma.

O país, porém, não pode ficar parado, aguardando a maturidade de seu processo educacional para, então, pôr cobro aos males que o afetam. Afinal de contas, tantos são os problemas que assoberbam nossa vida cotidiana, que se torna imperativo enfrentá-los a partir do instante em que se apresentem, sob pena de naufragarmos como indivíduos e como coletividade orgânica que se chama povo ou nação.

Questões atinentes à saúde, segurança pública, corrupção, impunidade, infraestrutura, eleições e partidos políticos estão muito vivas, batendo à nossa porta, para exigir soluções imediatas que não podem aguardar que saiamos de nossa letárgica apatia e passemos a encarar a educação no seu alcance e significado de panaceia para a cura de praticamente todos os males das sociedades modernas. Mesmo sabendo que a má educação é a causa matriz de tantos males, o caráter acentuadamente crítico de suas consequências, diuturnamente sofridas pelo povo brasileiro, exige o combate, sem trégua, dos efeitos, como condição imperativa para tornar a vida social tolerável, ainda que a reboque de tantos contratempos.

Diante da inevitabilidade da luta contra os efeitos de nossa incúria coletiva, que ao menos saibamos maximizar os resultados dessa porfia inglória – que tantos recursos subtraem ao bem-estar do povo brasileiro –, em busca da propriedade e do aumento da eficácia dos meios utilizados para vencê-la.

A complexidade da vida social brasileira constitui o maior paradoxo dos tempos modernos. Como nenhum outro, o Brasil é um país profundamente desigual, ao reunir atributos das sociedades mais adiantadas e aqueloutros das nações mais atrasadas, tanto do ponto de vista do saber quanto das condições materiais de vida e do desenvolvimento espiritual, como se pode inferir dos elevados índices de violência e crueldade que exibe.

Em julho de 2013, segundo dados do PNUD (Programa das Nações Unidas para o Desenvolvimento), o IDHM (Índice do Desenvolvimento Humano Municipal) das cidades brasileiras registrou avanço de 47,5% em 20 anos, entre 1991 e 2010, período em que a educação, mesmo tendo apresentado o maior crescimento, continua sendo o nosso grande gargalo. O índice é medido pelo desempenho de três variáveis: educação, saúde e renda. O índice cresce à proporção que se aproxima de 1, que é o índice máximo. No período considerado, o índice cresceu de 0,493 para 0,727, elevando o Brasil de um IDHM muito baixo para alto. Muito baixo é todo índice inferior a 0,499 e alto o índice entre 0,700 e

0,799. A partir de 0,800, o índice é considerado muito alto. Para elaborar os índices, a ONU leva em conta a educação, longevidade e renda da população. Em 2010, enquanto a longevidade registrou índice de 0,816 e a renda 0,739, a educação, mesmo tendo avançado, ficou em 0,637, registrando crescimento de 128%, já que saiu de 0,279, em 1991.

Na classificação geral, a população do Distrito Federal ficou em primeiro lugar, com índice de 0,824, cabendo o último posto aos municípios do Maranhão. São Paulo ficou acima do Rio de Janeiro.

Entre os municípios brasileiros, os nove primeiros colocados foram os seguintes:

| | |
|---|---|
| São Caetano do Sul (SP) | 0,862 |
| Águas de São Pedro (SP) | 0,854 |
| Florianópolis (SC) | 0,847 |
| Vitória (ES) | 0,845 |
| Balneário Camboriú (SC) | 0,845 |
| Santos (SP) | 0,840 |
| Niterói (RJ) | 0,837 |
| Joaçaba (SC) | 0,827 |
| Curitiba (PR) | 0,823 |

Para avançarmos o quanto necessitamos, é imperativo combater, sem tréguas, os sete males que nos entravam o passo: 1 – Educação; 2 – Saúde; 3 – Segurança Pública; 4 – Corrupção; 5 – Impunidade; 6 – Infraestrutura; 7 – Pluripartidarismo.

# EDUCAÇÃO

> "Os verdadeiros analfabetos são os que aprenderam a ler e não leem".
> | Mário Quintana

SIGNIFICADO

A educação é o caminho mais curto entre a pobreza e a prosperidade, o atraso e o desenvolvimento, a barbárie e as sociedades fraternas e cultas a que aspiramos pertencer. Além de aumentar a renda e contribuir para reduzir a violência, uma boa educação contribui para elevar a saúde física e mental dos povos. Há pesquisas que chegam a quantificar o impacto de um bom professor na renda futura dos seus alunos.

"Conhecimento é poder", asseverou Francis Bacon no início do século XVII, reconhecendo antiga verdade palmar. Desde sempre, o conhecimento figurou como uma das três maiores fontes de poder, ao lado da força e da riqueza.

Dos primórdios da humanidade até a Revolução Industrial, no começo do século XVIII, a força operou como a mais importante dessas três fontes de poder. Isso explica porque Roma, apesar de sua riqueza material e conhecimentos acumulados, foi derrotada pela força dos bárbaros. Séculos antes, a culta Atenas já havia sido submetida pelos guerreiros espartanos.

A partir da Revolução Industrial, porém, a força cedeu a liderança para o dinheiro ou riqueza, de importância incomparável no aproveitamento das oportunidades econômicas ensejadas pela sucessão de descobertas tecnológicas do novo período, realizadas à margem do controle oficial. Enquanto a força ocupou o primeiro posto por milhares de anos, o dinheiro liderou por apenas dois séculos e meio, até, aproximadamente, o começo da década de 1970, com o advento da Revolução Digital. Desde então, o conhecimento assumiu o primeiro posto, passando o poder e a riqueza, no plano dos indivíduos, das empresas como no das nações, a dependerem da qualidade da educação ministrada aos seus povos. Por isso, é impróprio denominar de "milagre" a recuperação econômica de países como o Japão e a Alemanha, arrasados durante a Segunda Guerra Mundial, tendo em vista o elevado padrão educacional que há muito praticam.

O colossal desenvolvimento alcançado por países como a Coreia do Sul e a Finlândia, a partir do início da Revolução Digital, decorre, diretamente, da prioridade que atribuíram à universalização da educação como fator de elevação da riqueza nacional. Indivíduos e organizações se sujeitam a esse mesmo imperativo. Prova-o a vertiginosa rotatividade de posição e de nomes dos que compõem o universo dos grandes e dos melhores em todos os países. De tal modo o conhecimento se impõe como a força modeladora da grandeza das pessoas, das empresas e dos povos, que a velha distinção entre ricos e pobres cede lugar à nova que distingue entre os mais e os menos educados, tamanha a relação linear crescente entre conhecimento, riqueza e poder.

É verdade que já no último quartel do século XIX, a Inglaterra, último país desenvolvido a universalizar o ensino fundamental, era ultrapassada pelos Estados Unidos, precisamente quando sua educação apresentava acentuado declínio.

No Brasil, até a década de 1960, acreditava-se que a educação era consequência e não causa do desenvolvimento, percepção que se modificou na década seguinte, ainda que no plano meramente discursivo, como, de certo modo, continua ocorrendo. Fica fácil compreender porque a má qualidade da educação ministrada no Brasil constitui o maior obstáculo ao nosso desenvolvimento econômico, social, político e civilizacional.

A Constituição brasileira estabelece que a educação é direito de todos e dever do estado e da família, a ser implementada com a colaboração da sociedade, em sintonia com o propósito de promover o desenvolvimento integral da personalidade humana, de modo a habilitá-la para colaborar em favor do bem comum. Em outras palavras: a educação visa capacitar os indivíduos e as sociedades para dominar recursos científicos e tecnológicos em prol do bem-estar geral, assegurada a defesa e expansão dos valores culturais, sem discriminação de qualquer natureza: filosófica, política, religiosa, de classe social ou preconceito étnico.

ATRIBUIÇÕES

A Lei de Diretrizes e Bases da Educação Nacional, de 1996, seguindo o que manda a Constituição Federal, divide a responsabilidade para organizar e gerir a educação, entre os três níveis de governo: federal, estadual e municipal. Enquanto os estados destinam, obrigatoriamente, 25% dos recursos orçamentários à educação, esse percentual compulsório cai para 18% para a União e os municípios. Aos municípios cabe a responsabilidade pelo ensino público fundamental, compreendendo os nove primeiros anos escolares; aos estados o ensino médio, correspondente aos três anos que antecedem o ingresso na universidade, ficando a União com o ensino universitário público, nada impedindo que as demais esferas assumam a universidade pública, como acontece em São Paulo. Entidades privadas, à parte, as etapas posteriores à graduação, como os cursos de pós-graduação, *stricto* e *latu-sensu*, também são de responsabilidade do Governo Federal. Todo o esforço de gestão da educação pública é coordenado, no Brasil, pelo Ministério da Educação, que fornece, regularmente, as diretrizes curriculares, gerenciais e pedagógicas do ensino público.

HISTÓRICO

Ao chegarem ao Brasil, em fins do século XV, os colonizadores portugueses encontraram várias tribos indígenas que ainda não conheciam a escrita, nem possuíam qualquer sistema escolar. O fato de serem ágrafos não significa que nossos aborígines fossem incultos, como se é tentado a depreender. Sua multimilenária sobrevivência em estado natural é uma assombrosa demonstração da capacidade de ajustamento ao meio ambiente. A experiência vivida na aldeia encerrava todo o processo de absorção dos valores tribais, até 1549, quando os jesuítas, que chegaram com Tomé de Souza, começaram seu trabalho catequético, com a fundação da Província da

Companhia de Jesus, apoiados na abertura de um colégio. Eram eles: Vicente Rodrigues, João de Azpilcueta Navarro, Leonardo Nunes, Antônio Pires e o irmão, Diogo Jácome. O líder dos jesuítas era o legendário padre Manuel da Nóbrega. Quatro anos mais tarde, em 1553, chegaria o padre José de Anchieta. No curso da segunda metade do século XVI, os jesuítas fundaram colégios, ao longo do litoral, de Santa Catarina ao Ceará. Até serem expulsos, dois séculos mais tarde, os jesuítas fundaram 670 colégios em aldeias, missões e conventos, distribuídos em todo o Brasil. Uma obra e tanto, sobretudo, tendo em conta as dificuldades de transporte e comunicação da época.

O propósito central da catequese era a conversão dos indígenas ao cristianismo, ainda que o ensino e a educação integrassem a missão jesuítica, como faziam na Europa. Registre-se o grande empenho dos jesuítas em adaptarem seus métodos de catequese e ensino aos diferentes países onde atuavam. Recorde-se que, ao chegarem ao Brasil, os jesuítas já estavam presentes em sociedades tão distintas como as da África Ocidental, Japão, China, Índia, Etiópia e América do Sul. Eles seguiam a trilha da audaciosa expansão do Império Português.

Logo, porém, os jesuítas se deram conta de que a educação tinha que se estender aos filhos dos colonos que, em número cada vez maior, chegavam ao Brasil. Dessa percepção nasceu, na Bahia, em 1564, o primeiro colégio destinado a educar os filhos dos portugueses. É verdade que Portugal não permitiu, durante séculos, a criação de universidades nos territórios coloniais. Quem quisesse cursar a universidade, teria que fazê-lo na de Coimbra, fundada em 1290. Diferentemente do que ocorreu com as colônias espanholas, no continente americano, os primeiros embriões de nosso sistema universitário só surgiriam com a chegada da Família Real ao Brasil, com a fundação, por D. João VI, da Real Academia Naval, da Academia Militar Real, da Biblioteca Nacional e das escolas de Medicina da Bahia e do Rio de Janeiro, entre os anos de 1808 e 1810.

Tudo isso, porém, é história.

DESENVOLVIMENTO DA EDUCAÇÃO

Desde a conquista da Independência, em 1823, com a expulsão dos portugueses da Bahia, até meados do século XX, o Brasil foi uma nação rural, por excelência, com padrão de vida sensivelmente inferior ao dos norte-americanos e europeus, cuja industrialização crescente era o fator predominante na geração das riquezas nacionais. Prisioneiro de um modelo que via a educação como privilégio das classes dominantes, o Brasil priorizou o ensino universitário, com prejuízo do aprendizado fundamental e básico, sobretudo para os largos contingentes populacionais dos menos favorecidos, destinados, *a priori*, a permanecerem à margem das grandes conquistas sociais que caracterizam as nações desenvolvidas de hoje. Ao longo do tempo, essa prioridade atribuída ao ensino superior se consolidou e continua sendo um dos males do nosso sistema educacional. Enquanto no século XIX fervilhava o esforço uruguaio e argentino pela universalização do ensino público fundamental, o estado de São Paulo desconhecia, inteiramente, a escola pública. Herdamos do colonizador português, o descuido pela educação pública, tanto que no início do século XX, Portugal era ligeiramente melhor do que o Brasil, no particular, que se apresentava com o obsceno percentual de 90% de analfabetos!

Com o conhecimento assumindo o primeiro posto, como a mais importante fonte de poder, desbancando o dinheiro e a força, a partir da revolução digital, iniciada na década de 1970, ficou claro, pela primeira vez na história da humanidade, que o desenvolvimento econômico dos povos e do seu bem-estar, o IDH – Índice de Desenvolvimento Humano –, é diretamente proporcional à qualidade da educação praticada. Não há, virtualmente, exceção a essa regra. Na sociedade do conhecimento em que vivemos, o Brasil não conseguirá, com a educação pífia que pratica, repetir o recorde de desenvolvimento econômico que conheceu, entre 1870 e 1987, período em que nosso PIB cresceu 157 vezes, contra 84 vezes o do Japão e 53 vezes o dos Estados Unidos.

A sociedade excessivamente desigual que construímos no Brasil é o resultado da má qualidade do ensino público brasileiro, vítima, não raro, de uma combinação nefasta de incompetência, corrupção, populismo e primarismo ideológico.

Inevitável, como é, a desigualdade não é um mal em si, como se pode ver em todas as manifestações da natureza. Como não há duas coisas iguais no universo, é impossível não haver desigualdade entre as pessoas. Sua condenação decorre da inépcia ou maldade humana em permitir que ela ultrapasse os níveis impostos por sua inevitabilidade.

Na sociedade do conhecimento em que estamos imersos, o principal dever da sociedade é assegurar a igualdade de oportunidades para todas as pessoas. E não há outro meio para alcançar este propósito que não seja a educação, requisito em que o Brasil vem fracassando, apesar dos avanços conquistados em outros setores, a exemplo da estabilidade econômica que eliminou o confisco inflacionário da receita das populações mais pobres.

Como consequência da má distribuição da educação, o Brasil ocupa a penúltima posição, em matéria de distribuição de renda, entre as nações que integram o G20.

Apesar das suas gritantes deficiências históricas, o Brasil vem melhorando, desde a década de 1980, como se verifica do expressivo aumento das matrículas de crianças em idade escolar e da redução da repetência. Em matéria de quantidade, o Brasil deu enorme e inédito salto, ao triplicar, em dez anos, as matrículas do ensino médio, colocando 97% dos alunos, entre sete e 14 anos, na escola. O problema passou a ser de qualidade.

Segundo Cláudio de Moura Castro, em *Os tortuosos caminhos da educação brasileira*, "em 1612, o ducado de Weimar precedeu o resto da Europa, ordenando que – toda criança de seis a 12 anos deveria estar na escola", cumprindo uma jornada escolar de seis horas (proeza que ainda não igualamos). Na Viena de 1774, aprovou-se uma lei proibindo a contratação de aprendizes e empregadas domésticas sem um certificado escolar. As colônias americanas da Nova Inglaterra, já no século XVIII, caminharam rapidamente para a escolarização universal. Em meados do século XIX, inspirada por Rivadávia e Sarmiento, a Argentina começou um processo rápido de escolarização. O Uruguai a acompanhou.

Uma pena que não tivéssemos seguido esse edificante exemplo!

Depois da expulsão dos jesuítas do Brasil, São Paulo, que só cobria 0,1 das necessidades de ensino público, passou 43 anos sem oferta de escolaridade formal. Recorde-se que durante todo o Império não havia, sequer, prédios escolares em São Paulo.

Se é inegável a expansão do acesso à educação, a qualidade, porém, continua sendo o nosso calcanhar de aquiles, sobretudo quando a comparamos com outras nações, apesar da criação de programas de formação de professores, programas de intercâmbio entre universidades e escolas municipais, visando aprimorar as práticas pedagógicas e, particularmente, a criação do Ideb (Índice de Desenvolvimento da Educação Básica), em 2007. O problema é que o Ideb compara o desempenho escolar de dois em dois anos, o que é um período excessivamente longo para um país que necessita, desesperadamente, de uma velocidade maior, num mundo competitivo caracterizado por mudanças rápidas.

Mesmo subindo sua classificação no Pisa (Programa Internacional de Avaliação de Alunos), em questões como leitura, compreensão, escrita, ciências e matemática, o Brasil continua muito abaixo da média dos países da OCDE (Organização para a Cooperação e Desenvolvimento Econômico). Pesquisa Ibope/Fundação Montenegro revelou que 75% dos brasileiros, economicamente ativos, não compreendem o que leem. As provas do Saeb do 5º ano evidenciam que 54% dos alunos ainda não foram alfabetizados, meta a ser alcançada, normalmente, entre o 1º e o 2º ano. Daí nosso maior grau de repetência da América Latina.

No Pisa de 2001, o Brasil ficou no último lugar, no desenvolvimento da leitura, caindo da penúltima posição, numa avaliação de 1991, porque Moçambique estava em guerra. A diferença é que, enquanto cedemos ao modismo experimental de adotarmos o sistema de alfabetização ideovisual, os países que mais avançaram usam o sistema fônico, aperfeiçoado do velho bê-á-bá. Na prática, o método fônico é melhor, inclusive, para alfabetizar os piores alunos. Se continuarmos a nadar contra a maré, morreremos afogados ou por inanição. E toda essa onerosa experimentação irresponsável é financiada pelo contribuinte brasileiro.

A população escolar brasileira, somados todos os níveis, inclusive os cursos de pós-graduação, em instituições públicas e privadas, atinge 53 milhões de estudantes que contam com 2,5 milhões de professores. Sem dúvida, cifras respeitáveis que representam o quarto maior contingente do Globo, abaixo, apenas, da China, Índia e Estados Unidos, e acima da Rússia que é, hoje, uma fração da antiga e extinta União Soviética.

Falta quem tenha a coragem de estabelecer como objetivo, no Brasil, um padrão de qualidade na educação equiparável ao primário do Japão, o médio da Alemanha e o universitário dos Estados Unidos, consoante o preceito bíblico que diz que alcançamos pontos cada vez mais altos quando nos empenhamos em atingir as estrelas. Ou em linguagem mais corriqueira: avançamos sempre quando tentamos quebrar recordes. Que o digam as sucessivas superações das marcas obtidas nos jogos olímpicos.

Uma política permanente de treinamento da população adulta, como imperativo da sociedade do conhecimento em que vivemos, caracterizada por rápidas mudanças, é parte inerente desse programa, em lugar da cínica avaliação segundo a qual papagaio velho não aprende a falar, argumento para deixar à margem de avanços o ainda expressivo contingente de adultos analfabetos funcionais da população brasileira. Além disso, a impiedosa política chinesa de tratar as pessoas pelo prisma exclusivamente utilitário não integra a tradição brasileira de cordialidade. Em qualquer idade, o ser humano é suscetível de aprendizado e consequente elevação de sua produtividade, com a incorporação do ganho, sem preço, da elevação da autoestima, fator dissuasório de desvios de conduta de toda ordem. Um programa de alfabetização de adultos tem que se basear na experiência e nas necessidades existenciais do alunado. Foi por ignorar essa regra fundamental que o Mobral fracassou, apesar das boas intenções, da ausência de corrupção e da abundância de recursos.

É oportuno observar que mesmo tendo construído sua reputação como guru da alfabetização, Paulo Freire considerava perda de tempo a tentativa de alfabetizar adultos de idade avançada, o que não significa que não possam ser treinados para melhorar seu desempenho, sua autoestima e a compreensão do mundo.

O PROFESSOR

O senador Cristóvam Buarque, político que lidera, no Brasil, o reconhecimento do valor do papel da educação na transformação dos povos, declarou:

Eu passo muito tempo conversando com jovens. Um deles perguntou: Qual o Brasil com que você sonha? E, na hora, eu disse: É o Brasil onde, quando nascer uma criança, o pai e a mãe digam: – Este, quando ficar grande, vai ser professor. No dia em que isso acontecer, tudo mais a gente resolve.

Está certo o senador, mesmo sabendo-se que, apesar dos baixos salários, a maioria dos que escolhem o magistério, 53%, o façam por "amor à profissão", enquanto 14% para "contribuir para uma sociedade melhor", segundo Gustavo Ioschpe. Enquanto 78% dos professores declaram ter orgulho da profissão, 81% se reconhecem como "muito importantes para a sociedade". Numa escala de zero a dez, o grau de satisfação do professor é de 7,9%, com, apenas, 10% declarando o desejo de deixar a profissão. Na contramão do que se supõe, o magistério brasileiro registra altos níveis de satisfação, apesar do elevado percentual de 10% dos que já sofreram agressões do alunado.

Não obstante esse engajamento, menos de um terço dos professores considera satisfatório o rendimento do aprendizado, enquanto dois terços reconhecem que o cumprimento da grade escolar oscila entre 40% e 80% do conteúdo. A possibilidade de cumprimento de mais do que o previsto nem sequer figura entre as perquirições do MEC.

Numa autocrítica louvável, 66% dos professores reconheceram a baixa qualidade dos cursos universitários que fizeram. A causa residiria na postura populista das faculdades que cursaram, ao priorizarem o pendor ideológico dos futuros mestres sobre sua formação técnica, onde personalidades como Fidel Castro, Hugo Chávez, Evo Morales etc. ganham relevo emblemático. O resultado não poderia ser outro: rotundo fracasso no cumprimento de sua missão pedagógica. A omissão de socorro intelectual de suas respectivas secretarias de Educação resulta da ausência de critérios meritocráticos na avaliação do desempenho dos professores. Os melhores e os piores mestres são tratados como iguais na boca do cofre ao fim de cada mês, bem como no plano das promoções que passa a ser uma mera questão de decurso do tempo ou de conquista de títulos, com raras exceções. O deletério populismo demagógico condena a adoção de critérios meritocráticos como base de promoções e de aumento de ganhos. A ação sindical funciona como elemento detonador do princípio aristotélico que manda tratar desigualmente aos desiguais, na medida em que se desigualam, como também queria Rui. A conquista da autonomia pedagógica do professor é interpretada como inteiramente desvinculada do mérito. Para os pais, ignorantes em sua grande maioria, boa é toda escola que for limpa, bonita, tiver merenda e uniforme de qualidade.

Nesse cenário populista, tarefas de tão grande importância, como a alfabetização e os rudimentos da aritmética, são consideradas fajutas, diante do objetivo maior consistente na libertação do espírito, que cada qual define como quiser, já que a discussão de conceitos que integram o cerne da vida acadêmica é vista, nesse ambiente contaminado, como preocupação de conteúdo burguês, com o propósito de preservação do *status quo* dos que dominam a cena social. Intelectuais e educadores, ideologicamente condicionados, vêm sustentando que o mal da educação reside na reprodução da estratificação desigual da sociedade imposta por capitalistas e imperialistas. Alguns chegam ao ponto de defender, na contramão do mundo desenvolvido, que não há certo nem errado, tudo dependendo do ponto de vista de cada pessoa. Santo Deus! Inimigos da precisão, eles preferem o linguajar retórico que lhes permite discorrer com desenvoltura sobre coisas vagas e imprecisas. Avalie-se o estrago que essa visão surrealista da mentalidade sindical não faz nos que se inclinarem para as tecnologias e as ciências, resultado de uma grosseira confusão entre a flexibilidade da poesia e o rigor da matemática ou da física. Alheia a essa visão representativa da vanguarda da estupidez, a Coreia do Sul saiu da miséria para nos ultrapassar em apenas 40 anos. Lá, não se discutem teorias pedagógicas. Ensina-se do modo que se revele mais eficaz, a partir da experiência comprovada dentro e fora do país. Uma boa recomendação é verificarmos o que fazem os países onde a educação é boa e imitá-los. Picasso ensinou que "o bom artista copia, e o grande artista rouba ideias".

Nossos professores, com as exceções de praxe, além de não dominarem o conteúdo do que ensinam, não aprenderam a dar aula. Em lugar disso, vociferam teorias grandiloquentes, proscritas do primeiro mundo. Nem mesmo os professores, diretores e secretários de Educação respondem pelo mau desempenho dos alunos, das escolas e da educação nos estados. Praticamos o princípio da irresponsabilidade geral, irrestrita e solidária. O país que se dane. Predomina a mentalidade de que não se deve medir o valor da educação pela qualidade do desempenho do alunado, na contramão do que se pratica nos países de boa educação.

Apesar da predominância, ainda, de visões sindicais e ideologicamente viciadas, nefastas ao avanço educacional brasileiro, já se percebe uma lenta mudança da maré, necessária para extirpar este mal histórico, que impede que a educação seja medida pelos resultados, como fizeram e fazem os países de melhor ensino.

Cláudio de Moura Castro, com o testemunho de João Batista de Oliveira, diz que o exame do Saeb (Sistema Nacional de Avaliação da Educação Básica) constatou que os alunos do

5º ano, que tiveram professores graduados em magistério ou pedagogia, obtiveram notas inferiores às dos alunos com mestres de formação superior distinta. Em outras palavras: aprende mais quem estuda com quem não é professor regular.

Em praticamente todos os níveis do ensino público – municipal, estadual e federal –, há um percentual elevado de funcionários da educação, inclusive professores, dedicados a atividades alheias àquelas para as quais foram contratados, caracterizando ominosa e onerosa prática de desvio de função.

ABSENTEÍSMO

Em São Paulo, em média, a cada dia, 12 mil professores efetivos deixam de comparecer à sala de aula, correspondendo a 9% de absenteísmo – 18 dias de ausência em 200 dias do ano escolar –, o mais alto entre todas as categorias de servidores do estado. Em outras unidades da Federação, esse percentual de absenteísmo varia de 10% a 15%. Tudo isso sem levar em conta faltas parciais ao longo do dia, ou mesmo faltas de até três dias, justificadas pelo corporativismo.

A média dos professores que se preocupam com seu crescimento intelectual é inferior a 20%, contentando-se a maioria esmagadora com programas de TV. Em 2006, em São Paulo, foram gastos 235,4 milhões para cobrir essas ausências. O argumento de que o contato permanente com uma diversidade de alunos expõe o professor a contágios de infecções, além de problemas relacionados com a voz, é desmentido pela experiência de outros povos, como o norte-americano, cujo absenteísmo resulta, predominantemente, do desejo de faltar nos dias imediatamente anteriores ou posteriores a feriados, conforme a conhecida prática do "enforcamento", para espichar o lazer. Além disso, no Brasil, as faltas de até dois dias, por problemas de saúde, na prática, dispensam atestado médico, representando estímulo à permissividade. O corporativismo sindical, legitimando vícios, faz o resto, inclusive pela exclusão do absenteísmo como fator condicionante e limitante da contratação, remuneração e promoção, conforme o Decreto nº 42.850, de 1963, a Lei Complementar nº 294, de 1982, e a Lei Complementar nº 1.041, de 2008.

Incluídas as leis estaduais e municipais, os professores paulistas podem se ausentar da sala de aula por 76 dias em um ano, sem qualquer punição.

Em termos quantitativos, o absenteísmo dos alunos no estado de São Paulo é, aproximadamente, o mesmo dos professores: 8%, um não decorrendo do outro, como se poderia, precipitadamente, supor. Nas escolas com maior número de professores que participam do conselho, o absenteísmo discente é menor, em face, certamente, do maior envolvimento emocional dos mestres com os problemas gerais da instituição.

Os contextos legitimadores de punição são, na prática, abortados pelo compadrio reinante entre os membros da grei magisterial, a que não falta proteção política condicionada a compromisso eleitoral. Quando, finalmente, ocorre o afastamento do professor faltoso, sua substituição tende a ser demorada e custosa, para grande prejuízo do aprendizado, em face da interrupção da produtiva interação professor-aluno. Até restaurar-se a perdida conexão, o aprendizado perde em qualidade e intensidade. Estudos realizados nos Estados Unidos estabelecem uma relação quantitativa entre o absenteísmo e a redução do aprendizado, bem como entre a afetividade e o rendimento escolar.

Se isso acontece em São Paulo, a mais desenvolvida de nossas comunidades, que sobre o tema dispõe de informações confiáveis, imagine-se o que não se passa pelos longes desse Brasil imenso!

REMÉDIOS

Há experiências, mundo afora, que comprovam a eficácia de incentivos para reduzir o absenteísmo, como bônus por assiduidade e benefícios para a aposentadoria, além de outros fatores, como o local de moradia do professor, remuneração e seu estado de saúde, além, dentre outros, do conforto das instalações escolares e o ambiente disciplinar reinante. O grande elemento determinante do grau de cumprimento das obrigações magisteriais deriva da intensidade da vocação do professor para o exercício de tão nobre profissão, já que os estudos não encontraram outros fatores diferenciais, como sexo, cor, religião ou renda, à exceção de os mais velhos faltarem mais do que os jovens, e os efetivos mais do que os temporários, fato que põe por terra o argumento de que a efetividade favorece o comprometimento do professor com o ensino. Os estudos também revelam que o número de faltas do professor aumenta com o número de instituições onde ensina. Como é evidente, a proximidade da escola da casa do professor ou do aluno eleva o grau de assiduidade de ambos.

Na outra ponta, temos o absenteísmo do alunado, ocasionado por múltiplas razões, todas elas contornáveis pelas escolas que mais se aproximam do modelo escola-parque de Anísio Teixeira, onde ao aluno são oferecidas condições ambientais superiores às de sua própria casa, como limpeza geral, salas arejadas, classe escolar com número razoável de alunos, ensino interativo, refeições e merendas de qualidade, boa convivência social, bibliotecas modernas, acesso digital, prática de esportes, atendimento médico e proteção contra a violência das ruas, além, obviamente, de um quadro de professores envolvido com o seu elevado mister. A renda familiar dos alunos interfere em seus níveis de frequência, bem como o tamanho da família. Com o pequeno espaço doméstico disputado por muita gente, cai o rendimento do aluno, sobretudo nas ciências exatas, como matemática e física, disciplinas que requerem concentração, incompatível com o ambiente tumultuário de famílias numerosas.

BAIXA CONSCIÊNCIA COLETIVA

Enquanto o eleitorado continuar de costas para a importância da educação, como fator central de nosso desenvolvimento moral, espiritual e material, continuaremos a ver o alargamento do mar de problemas que infelicitam a nação. Basta ver que nada menos do que 70% dos pais revelam-se satisfeitos com a péssima educação dos filhos, bem assim professores e alunos. Tragédia nacional! Atitude inteiramente diferente da assumida pela Alemanha, que, desde o ano 2000, se encontra em polvorosa, com pais e autoridades traumatizados pelo baixo desempenho do país no Pisa daquele ano, em que o Brasil, apesar de ter ficado no penúltimo lugar, não deu mostras de maiores preocupações. A própria grande mídia é também omissa, no particular, preferindo dar ênfase a questões periféricas de cunho sensacionalista. O Brasil avançaria muito se nossa mídia dedicasse às questões educacionais, uma fração do espaço que dedica ao futebol. Enquanto isso, na Finlândia, não obstante a excelência do ensino, as famílias não cessam de clamar por mais qualidade. Haverá povo que mais reclame da qualidade da culinária do seu país do que o francês? Certamente, conformismo não rima com qualidade, nem com progresso.

Como mecanismo exculpatório de suas responsabilidades, 94% dos professores atribuem o baixo rendimento escolar "à falta de assistência e acompanhamento da família", enquanto 89% transferem, também, a responsabilidade para o "desinteresse e falta de esforço do aluno". Para 84%, o fracasso "é decorrente do meio em que o aluno vive". Esse pessimismo faz com que apenas 7% dos professores acreditem na possibilidade de todos os seus alunos poderem ingressar, um dia, na universidade, quadro caracterizador das profecias que se autorrealizam. A pobreza, que, quase sempre, deriva da ignorância, é um grande obstáculo ao aprendizado, enquanto os lares dotados de conforto material favorecem o desenvolvimento do ensino. Os estudantes nipo-brasileiros que representam, apenas, 0,5% do alunado de São Paulo, conquistam 15% das vagas na USP, ou 30 vezes mais, *per capita*, reflexo do valor que os pais dão à educação dos filhos.

Só a ação firme do Estado, com a adoção das escolas-parques, no modelo preconizado por Anísio Teixeira e aplicado no Rio por Leonel Brizola, pode interromper este círculo vicioso. O berço, refletindo o interesse dos pais na educação dos filhos, antecede a própria escola, em importância, como fator educacional. O valor do berço, ou o capital intelectual representado pelo nível educacional da família, constitui a maior desvantagem inicial dos alunos de origem modesta, razão pela qual as escolas-parque de Anísio Teixeira são um imperativo moral e econômico para minorar esse *handicap* inicial dos menos favorecidos, para competir no mundo da práxis. O acompanhamento, pelos pais, da realização dos deveres de casa opera milagres de desempenho acadêmico.

A criança destituída de berço promotor do seu desenvolvimento não pode perder a oportunidade de ter uma escola de qualidade, última possibilidade de salvar do naufrágio sua cidadania. É por isso que apenas um quarto dos alunos pobres que ingressam no ensino fundamental chega ao curso médio. Os demais, 75%, ficam no meio do caminho. E do total do alunado pobre, apenas 1% conclui o ensino universitário público, o que significa que do modo como as coisas vão será cada vez maior o já iníquo quadro das desigualdades interpessoais.

Explica-se aquela postura racionalizadora dos professores como derivada do propósito subliminar de se blindarem do iminente fracasso: "Eu não tenho nada a ver com isso". Qualquer crítica a eles dirigida é de pronto inquinada de politicamente incorreta porque derivada da intenção de privatizar o ensino público ou alienar o corpo docente para se submeter, como carneiro manso, aos beneficiários do *status quo*, propósitos para cuja conquista os institutos de pesquisa estão a serviço, afirmam os vanguardeiros do atraso. Comportam-se como se quisessem mudanças radicais, desde que as coisas permaneçam como estão, conforme o diagnóstico da professora Noêmia Leroy, em seu conhecido livro *O gatopardismo na educação*. Para a justificação de postura tão retrógrada, realizam inimagináveis contorcionismos ideológicos, à altura de seu estrabismo sociológico/pedagógico.

Enquanto persistir o panorama atual de negação de responsabilidade dos professores e gestores do ensino, e de rancor contra os protagonistas da sociedade de mercado em que estamos imersos, aumentos salariais, sem o correspondente preparo do magistério e modernização da gestão para o cumprimento da urgente e insubstituível missão de preparar a juventude para os embates da vida moderna, de pouco adiantarão. Dessa negação de responsabilidade dos professores resulta, pelo menos, uma indiscutível vantagem: a preservação de alguma autoestima do magistério que ruiria por terra se se apercebesse do seu elevado componente de responsabilidade pelo mau estágio do ensino no Brasil. O problema é que a manutenção desse quadro que aliena o magistério, tornando-o refratário a mudanças indispensáveis, compromete o avanço da educação brasileira. Basta ver o patrulhamento sofrido por aqueles professores que se dispõem a dizer que "o rei está nu", quadro cuja continuidade culmina por conduzir à deserção alguns de nossos melhores valores. Raro é o ambiente escolar que não tem um ou mais casos do gênero para compor esta casuística do fracasso.

Reconheça-se, porém, que a difusa responsabilização, pelos professores, dos pais ausentes, pelo mau desempenho do alunado, vai ao encontro das razões apresentadas por Anísio Teixeira ao propor as escolas-parques, onde os alunos devem permanecer o dia inteiro, recebendo três vezes ao dia alimentação de qualidade, atrativa imersão acadêmica e práticas esportivas, tudo isso contribuindo para blindar a criança contra a precariedade do berço intelectual e, hoje mais do que nunca, moral de sua casa. O aluno urbano, mais do que o rural, precisa dessa blindagem, seja porque no campo a mãe natureza exerce notável papel pedagógico, seja porque as populações rurais ainda nutrem valores cada vez mais superiores aos das populações da periferia urbana, aturdidas pela violência e pelo tráfico à volta.

SÍMBOLO DA EDUCAÇÃO

Para enriquecer o acervo das imagens simbólicas essenciais para darmos a volta por cima, em matéria de educação, o Brasil mudará a sua iníqua história de desigualdades quando os governantes, diante de uma criança carente da periferia ou dos rincões remotos, pensar, seriamente, nos seguintes termos: "Se esta criança for educada, ela poderá vir a ser um André Rebouças, um Machado de Assis, um José do Patrocínio, um Cruz e Souza, um Marechal Rondon, um Teodoro Sampaio, um Guerreiro Ramos, um Milton Santos, um Joaquim Barbosa ou uma Marina da Silva". E quanto esforço nacional não se justifica para que ampliemos a gestação de personalidades tão venerandas!

GESTÃO

A verdade é que a má qualidade do ensino no país deriva, em grande medida, da má qualidade da gestão, de que a indisciplina impune nas salas de aula, a evasão escolar, o despreparo e o exagerado absenteísmo dos professores são parcela expressiva. Prova disso é que os alunos do 5º ano de uma escola do ensino fundamental de Sobral, município cearense, apresentaram um rendimento maior, em matemática e português, do que os alunos da rede municipal do município de São Paulo, que custam quase o dobro, consoante avaliação do MEC. O esforço recente, realizado pelo Estado do Acre, para melhorar o ensino, demitindo pessoal ocioso, incrementando a qualidade dos prédios escolares e adotando critérios meritocráticos na escolha dos diretores, produziu resultados favoráveis aferidos na prova do Saeb.

Dinheiro, portanto, é importante, mas não é tudo, como fazem crer os que veem na destinação dos *royalties* do pré-sal para a educação, a panaceia de nossos males pedagógicos. Há muito que a partir do nível de investimentos a que o Brasil chegou, na educação, a má gestão do ensino tem sido o fator impeditivo do avanço da qualidade. A essa conclusão chegaram acreditados pensadores de nossa realidade social, a exemplo do filósofo José Arthur Giannotti, o educador Naércio Menezes Filho, os economistas Mailson da Nóbrega e Cláudio de Moura Castro, e o pesquisador Gustavo Ioschpe, entre muitos outros.

O maior dos males de nosso ensino público consiste na fragilidade dos anos iniciais do ensino. Provas aplicadas aos nossos alunos do 5º ano do fundamental revelam que 54% oscilam entre analfabetos e quase analfabetos, fase a ser cumprida, normalmente, ao fim do primeiro ano. Isso explica nossa elevada taxa de repetência. Esta é, sem dúvida, a maior de nossas tragédias sociais, acima de todas as outras, como a corrupção e a violência galopante.

O ensino dos primeiros anos deve ser feito com o propósito de aprofundar os conhecimentos hauridos pela criança no contato com a realidade. Assim, a linguagem deve ser a mais clara e objetiva possível, ficando as ambiguidades para um segundo momento. A matemática deve ser utilizada como instrumento de solução de problemas da vida cotidiana, e assim por diante, com a física, a química e a biologia. A inobservância dessa recomendação elementar conduz nosso alunado a decorar fórmulas e regras sem que seja capaz de utilizá-las para a solução de seus problemas existenciais, em qualquer plano. É um erro apresentar as questões acadêmicas como divorciadas da realidade do dia a dia. O aprendizado se amplia e solidifica quando aplicamos o que aprendemos. Daí o fracasso de conteúdos exagerados e distantes da realidade, tão presentes em nossas grades curriculares. De qualquer conteúdo, bem aprendido, por pouco ou menor que seja, o discente dispõe de uma base para inferir novos conhecimentos e, assim, evoluir para a construção de seu próprio raciocínio maiêutico. Ensino de conteúdo excessivo conduz ao fracasso e ao desinteresse. É melhor conhecer muito de pouco do que pouco ou nada de muito.

O salto de qualidade obtido pelo município de Sobral, no Ceará, é consequência direta dos cuidados dispensados ao alunado das primeiras séries, entre eles os piores alunos a quem foram destinados os melhores professores, com prêmios de *performance*, tão estigmatizados pelo sindicalismo do atraso. Os alunos do município submetidos pelo governo federal à Prova Brasil, entre os anos de 2005 e 2011, avançaram em matemática de 170 para 270, alcançando um crescimento de 59% em seis anos, enquanto os alunos do município de São Paulo, que custam quase o dobro dos cearenses, chegaram a 197 pontos, quase 40% abaixo deles. Os alunos de Sobral custam R$3.100 ao ano, e os de São Paulo, R$6.000!

A antiga e ineficaz prática da educação brasileira de empanturrar os currículos tem levado especialistas estrangeiros a observar que nossa grade curricular é coisa para gênio. Seria interessante submeter os ministros da Educação e os reitores ao vestibular do Enem. Poucos deles seriam aprovados. O poeta chileno Pablo Neruda, ganhador do Nobel de literatura, declara na autobiografia *Confieso que he vivido* sua incapacidade de fazer qualquer das quatro operações matemáticas.

Uma prova de que dinheiro sem boa gestão não resolve o problema educacional brasileiro está no avanço recente de estados como o Acre, Pernambuco, Sergipe e Piauí, estado que possui a melhor escola secundária do Brasil.

Mantida a liderança de qualidade pelas unidades federadas do Centro-Sul, registra-se a saída do Rio de Janeiro do primeiro time, cedendo lugar para o Espírito Santo. O Rio deixou o primeiro posto que ocupou por 200 anos para nivelar-se com estados pobres que melhoram o seu desempenho, como o Acre e Sergipe. São Paulo ocupa a liderança. Mesmo gastando abaixo de 15 estados, Minas ocupa uma das primeiras posições. A qualidade do ensino no Centro-Oeste cresce, ininterruptamente, ocupando o jovem Tocantins a 6ª posição na Prova Brasil para o 9º ano. Com as exceções de Acre, Amapá e Roraima – no Norte –, e Ceará e Sergipe – no Nordeste –, os demais estados das duas regiões ficam com a lanterna na mão. O pior desempenho relativo, porém, é o do Distrito Federal, com gastos *per capita* quatro vezes superiores à média nacional. À exceção do 5º ano, em que está no 2º lugar, nos demais níveis ocupa a 9ª e a 13ª posições.

O ensino privado brasileiro é melhor do que o público, apesar do mais baixo ganho do magistério privado, contrariamente ao que se imagina. O fato que mascara o reconhecimento da superioridade do ensino universitário privado sobre o público reside na maior qualidade dos alunos que buscam a rede pública. É o rigor no cumprimento dos deveres escolares que faz a diferença na qualidade do ensino, em todos os lugares do mundo. No Brasil, o excesso de greves na universidade pública é fator deprimente da qualidade.

PRIORIDADE

Não para de crescer o descompasso existente entre os gastos com os alunos do ensino fundamental e básico e aqueles universitários. Nossa educação elitista criou o ensino superior antes mesmo de termos uma rede pública de ensino fundamental. Priorizamos os andares superiores do edifício educacional brasileiro, descuidando das fundações e da estrutura, receita certa para o trágico desmoronamento traduzido nas ingentes desigualdades nacionais. O resultado é que apesar de formarmos mais de 50 mil mestres e 10 mil doutores, anualmente, no mesmo nível numérico de países desenvolvidos, nossa educação é ruim porque o ensino fundamental e médio é ruim, mesmo que tenhamos alcançado, no curto espaço de 50 anos, o 13º lugar em produção de artigos científicos. As primeiras faculdades criadas por D. João VI antecederam o ensino público inicial. Disso resulta o paradoxo de produzirmos 2% das pesquisas mundiais, enquanto nossas exportações estão ao redor de 1% do comércio internacional. A causa dessa disparidade? Mão de obra técnica deficiente. Apesar do esforço que vem sendo feito, a educação no Brasil não avança na mesma proporção dos investimentos feitos, porque há carência de gestão de qualidade.

O atraso sindical brasileiro não permite a criação de escolas para alunos de alto desempenho. Melhor seria que tivéssemos três níveis de salas de aula: salas para alunos de alto desempenho, estatisticamente 3% do total; salas para alunos de baixo desempenho, ou ameaçados de repetência, algo entre 10% e 30%, a depender da qualidade do ensino; e a grande maioria das salas para os de médio desempenho. Todos no mesmo complexo escolar, conscientes de que podem migrar de um nível para outro, em razão do desempenho. Seria um estímulo e tanto.

Uma listagem, meramente exemplificativa, dos males que afetam a educação brasileira, aponta para questões do tipo:

1 – Despreparo dos professores para a realidade da sala de aula;
2 – Baixa remuneração paga aos professores do ensino público básico, além da falta de um sistema meritocrático que beneficie os profissionais mais eficientes;
3 – Ausência de um sistema de aperfeiçoamento continuado do magistério;
4 – Baixa participação dos pais na atividade acadêmica dos filhos;
5 – Professores sem formação adequada, sobretudo nas regiões mais pobres;
6 – Métodos de ensino ultrapassados;
7 – Inadequação entre os diferentes níveis de ensino, infantil, fundamental e médio;
8 – Grade escolar destituída de atrativos ou desvinculada da realidade;
9 – Altos índices de repetência e de abandono da sala de aula, sobretudo por problemas financeiros;

10 – Baixa permanência, quatro horas diárias, dos alunos na escola;

11 – Excessiva burocratização do sistema escolar;

12 – Insuficiente investimento para atender, com qualidade, as demandas do ensino;

13 – Estrutura física deficiente, sobretudo nas regiões mais carentes, onde milhares de escolas não dispõem de água encanada;

14 – Enquanto o Brasil tem, apenas, 7,5% dos jovens no ensino profissionalizante, nos países desenvolvidos esse percentual, oscilante entre 30% e 70%, é, em média, de 42%, chegando a 52% na Alemanha e a 55% no Japão. Um dos nossos males maiores é destinar o ensino médio ao preparo para o ingresso na universidade, quando melhor seria prepararmos o alunado para o trabalho. Os verdadeiramente dotados de interesse sabem encontrar os caminhos para ingressar no ensino superior.

A legislação brasileira, altamente restritiva do trabalho de menores, na contramão da bem-sucedida experiência histórica dos países desenvolvidos, representa lamentável entrave ao encaminhamento, na vida profissional, de jovens egressos das classes humildes. É a demagogia aprofundando e perpetuando desigualdades. Em lugar da segurança do ambiente de trabalho, a demagogia despreparada prefere manter nossa juventude exposta ao desemprego e ao múltiplo risco das ruas.

Ênfase especial deve ser dada ao esforço para permitir aos jovens o encontro com suas vocações, proporcionando-lhes o conhecimento dos tipos de inteligência neles predominantes, consoante as lições de Howard Gardner e Lawrence Sherman, que chegaram a 11 tipos distintos de inteligência. Este caminho, verdadeiramente redentor, ainda é inteiramente ignorado por nossa "burrocracia" pedagógica.

Só um programa intenso de treinamento de nosso magistério público, *pari passu* com uma política de melhoria salarial, a partir de critérios meritocráticos, será capaz de desarmar a bomba-relógio embutida na combinação de isonomia salarial com a má qualidade média reinante em nosso magistério. A contratação de novos professores, a partir de níveis mais elevados de seleção e de salários, não impediria que se estendesse aos atuais os novos níveis, em troca de quase nada. E como a sabedoria popular ensina que "veado não pare onça", não é possível aprendizado de boa qualidade sem um magistério de qualidade correspondente.

Embora não seja a regra, muitas escolas, além de ministrar poucas aulas, em grande parte pelas greves sucessivas, se apresentam malcuidadas, com sanitários imundos, merenda irregular e ruim, frequentemente como resultado de práticas corruptas, alunado agressivo, goteiras por todo lado, tráfico de drogas, tudo isso construindo um cenário muito distante do concebido por Anísio Teixeira para as escolas-parques.

Um exame *à vol d'oiseaux* do percentual do PIB brasileiro aplicado na educação revela sensível crescimento nos últimos anos. Senão vejamos: o percentual do PIB aplicado em educação no Brasil cresceu de 3,9 para 5,1 entre os anos 2000 e 2010, representando um aumento de 30% em dez anos, tanto mais relevante quanto no período mencionado, o PIB brasileiro cresceu 42,6%. Não obstante esse aumento expressivo, as metas de melhoria não foram alcançadas, porque os mesmos velhos vícios persistiram, inclusive pela burra ausência de critérios meritocráticos na formação do salário dos professores.

O nível de gastos com a educação no Brasil, em 2013, foi equivalente, em termos do percentual do PIB, ao dos membros da OCDE (Organização para a Cooperação e Desenvolvimento Econômico), que reune 34 países, entre os quais os mais desenvolvidos do mundo, uma prova de que a má qualidade da educação brasileira não é decorrência da escassez de recursos, mas de sua má gestão. Em percentual do PIB, o Brasil está no mesmo nível de países como Áustria, França e Grã-Bretanha, um pouco acima dos Estados Unidos e de todos os países da América Latina, com a exceção da Argentina, mas abaixo dos primeiros da lista, como Dinamarca, Noruega e Islândia. Apresentamos um mau desempenho, mesmo quando consideramos que nesses países, o valor do investimento por aluno é bem mais alto do que no Brasil, tendo em vista o maior valor, neles, da renda *per capita*.

Um dos mais graves erros cometidos na gestão dos recursos públicos destinados à educação reside na excessiva prioridade atribuída aos cursos universitários, que consomem cinco vezes mais recursos do que os do ensino fundamental, fase acadêmica da maior importância para que o alunado seja seduzido para a incomparável aventura do conhecimento, do espírito ou da inteligência. Para que se tenha uma ideia do desperdício que se pratica em nosso ensino público superior, enquanto um estudante brasileiro custa US$13.137 por ano, a média dos países da OCDE é de US$11.383 contra US$12.112 dos Estados Unidos, onde os salários dos profissionais da educação são sensivelmente superiores aos praticados no Brasil. Compare-se, em seguida, a posição das universidades brasileiras com as desses países. É de fazer dó!

Apesar do maior custo do que a média dos países da OCDE, o desempenho de nosso ensino universitário público é muito inferior. Para as 16 universidades públicas que respondem por 84% de nossas pesquisas, este custo é até baixo. Para as demais 270 universidades, porém, que respondem pelos 16% restantes das pesquisas, este custo é escandalosamente alto. Basta compará-lo com o custo das universidades privadas, que é, em média, quatro vezes menor.

A xenofobia alimentada no Brasil por um sindicalismo pelego, por políticos populistas e por intelectuais ideologicamente condicionados pela cartilha de Fidel Castro, Evo Morales e Fernando Maduro, é um dos fatores determinantes do atraso de nosso ensino universitário.

Relativamente ao ensino fundamental, enquanto a média anual do estudante brasileiro é de US$2.653, nos países da OCDE é de US$8.412 e nos Estados Unidos é US$11.859. Veja-se como nos países desenvolvidos são próximos os valores dos investimentos, *per capita*, com alunos do curso fundamental e do universitário. Diferentemente do Brasil, os países desenvolvidos compreendem que é na fase de formação que o jovem aluno é conquistado ou afastado do fascínio pela aventura do saber.

FIM DA GRATUIDADE

É lamentável que estejamos a retardar, demasiadamente, a compreensão do quanto é imperativo modificar o sistema de financiamento da universidade pública, ainda equivocadamente gratuita. Concebida como meio de redução das ingentes desigualdades que criam no Brasil intolerável *apartheid* social, a gratuidade tem sido fator de aprofundamento dessas desigualdades, na medida em que os alunos oriundos das classes pobres não têm como competir com os ricos na disputa pelo acesso à universidade pública, fato constitutivo de marcante exemplo do chamado efeito bumerangue, que ocorre quando, ao investirmos contra a natureza das coisas, obtemos resultado oposto ao desejado.

Em lugar da gratuidade, melhor seria que todo graduado pagasse o seu curso, ao longo de um tempo correspondente ao dobro da duração do curso, com dois anos de carência, a partir da graduação. Por esse mecanismo, quem fizesse um curso de quatro anos de duração, paga-lo-ia em oito anos, a partir do vencimento da carência de dois anos, contada da data da formatura. Cursos de cinco anos seriam pagos em dez, enquanto os de seis anos, como Medicina, seriam pagos em 12 anos. Desse modo, teríamos o retorno dos recursos para financiar os estudos de novos profissionais. Mais ainda: os alunos que puderem e quiserem poderão pagar o curso, ao longo de sua realização, com uma redução sobre o seu valor de tabela entre 15% e 30%, ensejando, assim, celeridade no retorno de parcela ponderável dos investimentos. Por outro lado, para estimular o espírito de competitividade, os alunos que não atingirem nível suficiente para ingressar nas universidades públicas – as mais procuradas –, seriam integralmente financiados para cursar as universidades privadas de sua escolha. Observe-se que as vagas ociosas na rede privada poderiam ser preenchidas a custos *per capita* entre cinco e oito vezes mais baixos do que os praticados na onerosa universidade pública brasileira. Parece mentira, mas não é.

É verdadeiramente de lascar a paciência de monge tibetano a predação que a burrice pratica contra o Erário e a racionalidade operacional!

É preciso dizer mais para demonstrar quanto a gestão afeta a qualidade do ensino?

EDUCAÇÃO E DESENVOLVIMENTO

Atenta à influência da qualidade do ensino no rendimento industrial, a CNI promoveu uma comparação com 14 países, escolhidos em razão de assemelhadas características socioeconômicas e competitividade no mercado internacional. O Brasil ficou em 13º lugar em desempenho educacional, apesar de figurar com o 6º maior investimento na área, elencado a partir do percentual do PIB de 2010, o mesmo da Espanha e Coreia do Sul, comprovando a má qualidade da nossa gestão na aplicação dos recursos, embora caiba a ressalva de ser recente a elevação das verbas para a educação, atividade que demanda prazo longo para maturar. Sem dúvida, a educação é uma maratona. Nunca uma corrida de 100 metros rasos.

As variáveis selecionadas foram custo de mão de obra e de capital, infraestrutura e logística, carga tributária, ambiente econômico, educação, tecnologia e inovação. Além do Brasil, os países foram, por ordem alfabética: África do Sul, Argentina, Austrália, Canadá, Chile, China, Colômbia, Coreia do Sul, Espanha, Índia, México, Polônia e Rússia. Relativamente à educação, três fatores foram considerados: grau de universalização da educação, qualidade de ensino e volume de recursos investidos.

ESTÍMULO

Alguns programas interessantes têm sido criados, a exemplo do Ciência sem Fronteiras, do Governo Federal, em 2011, com o propósito de dar 75 mil bolsas de estudos, no exterior, para alunos de nível superior e pós-graduados, e o Pronatec (Programa Nacional de Acesso ao Ensino Técnico e Emprego), com o objetivo de aumentar o número de vagas nos cursos técnicos. Em 2012, o Estado de Pernambuco lançou o programa *Ganhe o Mundo*, contemplando alunos do ensino médio com bolsas de um semestre no exterior.

Não obstante as conhecidas deficiências do nosso ensino público, estudantes brasileiros têm conquistado prêmios internacionais, em áreas que envolvem diferentes gamas de conhecimento, numa demonstração de que a frase-chute de Pero Vaz de Caminha sobre o caráter ubérrimo das terras de Vera Cruz, "em nelas se plantando, tudo dá", melhor seria se aplicada à inteligência dos jovens brasileiros, altamente receptiva aos desafios do conhecimento.

Por outro lado, para 80% dos jovens brasileiros, educação é prioridade, percentual 4,75% superior aos adultos que pensam do mesmo modo. Os jovens brasileiros são também, entre os jovens iberoamericanos, os mais críticos da má qualidade do ensino praticado em seus respectivos países, conforme pesquisa realizada conjuntamente pela OIJ (Organização Iberoamericana da Juventude) e pelo BID (Banco Interamericano de Desenvolvimento), que ouviu mais de

20 mil jovens, em 2013, conforme estudo intitulado "O Futuro Já Chegou", com o propósito de conhecer o que pensam jovens entre 15 e 29 anos, faixa etária representativa de um quarto da população pesquisada. Enquanto o ambiente escolar no Brasil é considerado o mais violento, por 40% dos jovens brasileiros, menos de 10% reconheceram ser exigente de qualidade o seu espaço acadêmico, fator estressante, uma vez que têm consciência de que o seu futuro depende de uma boa formação profissional. Isto é: a baixa demanda de desempenho acadêmico é a causa do estresse. É uma dádiva que o pessimismo dominante sobre os padrões educacionais não impeça que o jovem brasileiro se engaje com energia por uma educação melhor.

DESESTÍMULOS

A baixa qualidade do ensino público brasileiro é agravada pelo tempo médio de estudo de nossa juventude, sete anos, muito inferior ao de países como os Estados Unidos, 12 anos, e Coreia do Sul, 11 anos. Estamos abaixo da vizinha Argentina, oito anos, detentora de uma educação historicamente superior à nossa, desde que o presidente Sarmiento, no século XIX, definiu a educação pública nacional como um programa de Estado e não de governo, como tem sido o caso brasileiro. Como resultado, enquanto apenas um quarto de nossa população conclui o ensino médio, esse percentual é de 55% na Argentina e de 83% na Coreia do Sul. É verdade que a Lei nº 12.796, de 4 de abril de 2013, modificou a LDB (Lei de Diretrizes e Bases da Educação), instituindo o ensino obrigatório no Brasil entre 4 e 17 anos de idade, compreendendo as três fases tradicionais: Educação Infantil, Ensino Fundamental e Ensino Médio. Tomara que esta importante lei não vire letra morta, como vem acontecendo com o §7°, do artigo 165 da Constituição Federal, conquistado, em vão, a duras penas para redimir o Nordeste brasileiro!

Um cenário de tantas carências passa a constituir terreno fértil para a emergência de fatores agravantes da convivência escolar, como os provocadores contumazes ou *bullies*, ocasionando o afastamento de bons professores que são substituídos por novos, destituídos da experiência mínima requerida a um ensino de qualidade. Estima-se que um quinto do alunado, de um modo ou de outro, inferniza a vida de colegas mais jovens ou mais frágeis, fato que explica porque os praticantes do *bulling* são essencialmente covardes, e não os destemidos heróis que equivocadamente blasonam ser, uma vez que, intimamente, sabem que desempenham um papel marginal. Do total de provocadores, 62% são do sexo masculino, como vítimas ou como algozes, e 38% são meninas. Não é de estranhar, pois, que o Brasil, a sétima potência econômica, figure no último lugar em desempenho educacional, entre as 50 maiores economias do mundo, segundo recentes estudos da OCDE. O baixo aproveitamento de nosso alunado público se verificou em diferentes disciplinas, como português, matemática e ciências. Nem estados ricos, como São Paulo, escaparam dessa avaliação negativa. Do jeito que as coisas vão, essa posição relativa pode piorar. Como fator agravante de nossas desigualdades, a qualidade do ensino público nessas regiões mais ricas, incluindo o universitário, é sensivelmente superior ao praticado nas regiões pobres do Brasil.

A consciência de que não conseguem cumprir, de modo satisfatório, sua missão abate o ânimo do magistério, comprometendo, potencialmente, sua autoestima. Do mesmo modo que o sucesso alimenta o sucesso, o fracasso se reproduz. Não estranha que o maior percentual dos que abandonam a profissão seja composto pelos melhores professores.

DESIGUALDADES INTER-REGIONAIS

A Fundação Getúlio Vargas concluiu que mais de um terço das desigualdades sociais brasileiras são produzidas pela disparidade na qualidade do nosso ensino. Penso que este percentual seja sensivelmente maior.

A educação praticada no Brasil vem contribuindo para acentuar, ainda mais, as gritantes desigualdades existentes entre as regiões depauperadas do país, com o Nordeste à frente, e as regiões mais ricas. É verdade que, por exclusiva e incompreensível inépcia, as lideranças nordestinas, incluindo suas bancadas nas duas casas do Congresso, não têm sido capazes de implementar o § 7º do artigo 165 da Constituição Federal, de nossa autoria, que obriga a União a destinar ao Nordeste brasileiro um percentual de seu orçamento equivalente ao peso da população nordestina na formação da população brasileira. Em decorrência dessa omissão, centenas de bilhões de dólares ou de reais deixam de ser aplicados, anualmente, no Nordeste brasileiro, que abriga metade das sub-habitações do país, metade dos tuberculosos, dos chagásicos, dos morféticos, dos xistosomóticos, dos que ganham abaixo de um salário mínimo e, o que é pior, dos analfabetos, apesar de sua população corresponder a apenas 28% da brasileira e ser contemplada com apenas 12% do orçamento da União. Rômulo Almeida identificou no descompasso histórico entre a população nordestina e o quinhão que lhe tem cabido no orçamento da União um dos fatores responsáveis pelo grave desequilíbrio inter-regional que põe em risco a estabilidade da Federação.

Observe-se que o número de analfabetos existentes no país sobe 50%, de 14 para 21 milhões, quando incluímos os analfabetos funcionais, os que não são capazes de entender o que leem.

Para que se tenha uma ideia da gravidade dessa desigualdade de tratamento dispensado às regiões pobres, em milhares de escolas, na região Nordeste, não há sequer, como já dissemos, serviço de água. Há 4.283 escolas públicas que, desde 2007, primeiro ano em que foi possível avaliar a evolução do (Ideb), jamais conseguiram atingir as metas individuais fixadas pelo Ministério da Educação. Essas escolas representam 14% do total de 31 mil. O Ideb foi instituído em 2005 para avaliar, a cada dois anos, a qualidade das escolas e redes de ensino, a partir da Prova Brasil e das taxas de aprovação, considerando indicadores individualizados para cada escola, rede de ensino dos municípios, dos estados e do país. A Prova Brasil apura o grau de aproveitamento dos alunos que concluem o 5º e o 9º ano do ensino fundamental. A meta para 2021 é a nota 6 para o ensino fundamental e 5,5 para os anos finais. A nota varia de zero a 10. Desgraçadamente, o estágio depressivo em que se encontram essas instituições de ensino vem impedindo seu avanço, mesmo em índices mínimos. Muitas, até, vêm caindo de rendimento.

O BRASIL E O MUNDO

O Pisa (Programa Internacional de Avaliação de Alunos), foi criado para medir o conhecimento e a habilidade em leitura, matemática e ciências, de estudantes com 15 anos de idade, de países membros da OCDE, e de outros países conveniados. Enquanto países como Alemanha, Grécia, Chile, Coreia do Sul, México, Holanda e Polônia são membros, Argentina, Brasil, China, Peru, Qatar e Sérvia aparecem como parceiros, aptos a serem avaliados.

Segundo a avaliação do Pisa, divulgada em dezembro de 2013, o desempenho dos estudantes brasileiros, em 2012, caiu dois pontos, em leitura, relativamente ao ano de 2009, quando alcançou 410 pontos, ficando agora 86 pontos abaixo dos países da OCDE, que é de 496 pontos. Ocupando a 54ª posição, o Brasil aparece abaixo de países como Chile, Uruguai, Romênia, Tailândia e Montenegro, e ligeiramente acima de países como a Tunísia, Colômbia e Peru, com 404, 403 e 384 pontos, respectivamente.

Na outra ponta, Xangai, na China, lidera em diferentes classificações educacionais do Pisa, seguida, em leitura, de Hong Kong, também na China, com 545 pontos; Cingapura, com 542; Japão, com 538; Coreia do Sul, com 536; Finlândia, com 524; Irlanda, Taiwan e Canadá, com 523, ficando a Polônia em 10º lugar, com 518 pontos.

Sem saber ler, base fundamental de todo o aprendizado, fica difícil avançar em matéria de conhecimento, de que é prova o elevado percentual dos alunos brasileiros, 49,2%, que não alcançou o nível 2, num processo de avaliação que tem como teto o nível 6. Essa verdadeira tragédia social resulta da incapacidade desses alunos de compreenderem o que leem, interpretando o texto, estabelecendo relações entre diferentes partes da matéria lida, ou percebendo sutilezas da linguagem.

O desempenho brasileiro no aprendizado de ciências é ainda pior: ficamos em 58º lugar, entre 64 nações, caindo da 53ª posição conquistada em 2009. No exame de ciências, 55,3% dos nossos alunos alcançaram apenas o nível 1, próximo da mendicância intelectual. No campo científico, os dez primeiros lugares ficaram com Xangai, Hong Kong, Cingapura, Japão, Finlândia, Estônia, Coreia do Sul, Vietnã, Polônia e Canadá. Veja-se, mais uma vez, a supremacia oriental.

O melhor desempenho brasileiro se deu em matemática, campo em que avançamos o suficiente para permanecermos na mesma posição relativa: subimos de 386 para 391 pontos, continuando, porém, na mesma 57ª posição. Em matemática, a média dos países da OCDE é de 494 pontos, 103 acima do Brasil. A pequena melhora nacional não impediu que dois entre três alunos de 15 anos fossem incapazes de compreender percentuais, frações ou gráficos! Uma tragédia! Os dez primeiros colocados em matemática foram, respectivamente, Xangai, Cingapura, Hong Kong, Taiwan, Coreia do Sul, Macau, Japão, Liechtenstein, Suíça e Holanda. Observe-se que quatro dos dez primeiros lugares são chineses, e sete dos dez estão no Oriente. À nossa frente, estão países como Costa Rica e Albânia! Tragédia sobre tragédia!

O problema crucial que o Brasil defronta é a necessidade de conciliar a imperativa expansão da rede escolar com a urgência de elevar o nível de qualidade do aprendizado. Nos dez anos compreendidos entre 2003 e 2012, a população de alunos de 15 anos subiu de 65% para 78%. O drama é que essa elevação se deu, essencialmente, com jovens de áreas rurais remotas e de grupos sociais altamente vulneráveis. É fácil compreender o descompasso existente entre a faixa etária desses novos alunos, que ingressaram tardiamente na escola, e a média de seus colegas, fator adicional para dificultar o seu aprendizado.

Enquanto oscilamos entre caminhar para trás e ficar no mesmo lugar, em matéria de educação, algumas de nossas mais importantes lideranças políticas, inspiradas nos princípios filosóficos bolivarianos de Maduro e Evo Morales, continuam dominadas por diretrizes nascidas de um sindicalismo que não chega sequer a constituir a vanguarda do atraso.

# SAÚDE

Saúde pública é um conceito móvel, na medida em que o seu conteúdo depende, na prática, da ótica de cada governo, construída a partir dos interesses que ela representa nas diferentes sociedades, em razão das distintas formas de organização social e política das populações. Tradicionalmente, saúde pública é compreendida como a aplicação de conhecimentos de múltipla natureza, e não apenas médicos, com o propósito de viabilizar serviços de saúde capazes de prevenir e curar doenças, controlando sua incidência nas populações, através de permanente monitoramento e intervenções governamentais. Segundo o artigo 196 da Constituição Federal, "a saúde é direito de todos e dever do Estado, garantido mediante políticas sociais e econômicas que visem à redução do risco de doença e de outros agravos, e ao acesso universal e igualitário às ações e serviços para sua promoção, proteção e recuperação".

A má qualidade da saúde pública é uma das pragas que assolam o Brasil. É mais uma das dimensões ostensivas do fracasso do Estado como gestor, que, entre nós, tem se comportado de um modo muito distante do preconizado pelo americano Edward Amory, em 1920:

> Saúde pública é a arte e a ciência de prevenir a doença, prolongar a vida, promover a saúde e a eficiência física e mental mediante o esforço organizado da comunidade. Abrangendo o saneamento do meio, o controle das infecções, a educação dos indivíduos nos princípios de higiene pessoal, a organização de serviços médicos e de enfermagem para o diagnóstico precoce e pronto tratamento das doenças e o desenvolvimento de uma estrutura social que assegure a cada indivíduo na sociedade, um padrão de vida adequado à manutenção da saúde.

Nem a incorporação desse preceito pela Organização Mundial de Saúde (OMS), nem a ampla proteção constitucional à saúde, nos artigos de 195 a 200, de nossa Carta Magna, permitiram ao Brasil consolidar uma prática capaz de atender sua população insatisfeita, que foi às ruas, em junho de 2013, cobrando imediata melhoria num serviço de tamanha relevância para a vida das pessoas, particularmente da grande maioria sem condições de contratar planos privados, que são de qualidade muito superior à oferecida pelo poder público.

## HISTÓRICO

Na contramão da insatisfação reinante, o passado da saúde pública brasileira conta com momentos brilhantes, como os vividos sob a égide de nomes como Oswaldo Cruz, Carlos Chagas e Adolfo Lutz. Na atualidade, o SUS (Sistema Único de Saúde) tem uma notável abrangência de atuação, tanto do ponto de vista geográfico quanto na diversidade dos atendimentos que presta. Acredita-se que a insatisfação popular, que culminou por vir à tona de modo surpreendente e inédito, em 2013, decorra dos maciços desvios de recursos públicos para o bolso de políticos corruptos, sem que haja a correspondente e desencorajadora punição, como ocorreu no município de Porto Seguro, na Bahia, em 2003, cujos fatos foram apurados à saciedade pela Corregedoria Geral da União e alardeados pela grande mídia, sem que qualquer dos apanhados com a boca na botija tenha sofrido a mínima pena, odiosa omissão que tem contribuído para o alastramento da crença de que no Brasil, graças à impunidade reinante, o crime compensa.

Recorde-se, porém, que, em seus primórdios, as preocupações com a saúde das populações carentes, Brasil e mundo afora, tinham como matriz princípios da caridade e assistencialismo de índole religiosa, a exemplo dos apregoados por cristãos e muçulmanos, sobretudo nos casos que exigiam isolamento, como medida de assepsia para proteção da classe dominante. O foco, portanto, não era o bem-estar da população mais pobre. Cuidava-se dela para evitar o contágio das pessoas das classes ricas. Numa fase muito anterior, em toda parte, o próprio serviço médico não era remunerado, por corresponder, segundo o entendimento corrente, ao cumprimento de uma missão ou dom divino.

Explica-se porque a saúde pública era virtualmente inexistente ao tempo do Brasil Colônia, atividade que ficava a cargo de pajés, jesuítas e boticários. Tanto que havia apenas quatro médicos atuantes no Rio de Janeiro, em 1789. Além das enfermarias, cuidadas pelos jesuítas, as Santas Casas da Misericórdia, fundadas no século XVI, eram os únicos pontos de assistência à saúde da população carente. Com a chegada da família real portuguesa, em 1808, foram criadas as duas primeiras escolas de medicina do país: o Colégio Médico-Cirúrgico, no Real Hospital Militar, em Salvador, e a Escola de Cirurgia do Rio de Janeiro. E nada mudou ao longo das oito décadas seguintes até a proclamação da República.

As primeiras medidas de natureza sanitária, no Brasil, ocorreram no governo do presidente Rodrigues Alves, no início do século XX, no Rio de Janeiro, destinadas a debelar os frequentes surtos de febre amarela, malária, varíola e peste bubônica, quando o jovem médico, Oswaldo Cruz, foi designado para liderar a difícil missão. Protagonizando famoso e polêmico episódio conhecido como a Revolta da Vacina, Oswaldo Cruz, tomado de entusiasmo quase religioso, mas sem qualquer ação educativa prévia, autorizou a invasão de casas e a queima de roupas, de lençóis e de colchões. Indignada, a população, amparada pelo verbo de Rui, saiu às ruas e Oswaldo Cruz foi demitido. Vejamos o que disse, equivocadamente, o grande tribuno Rui Barbosa sobre a imposição da vacina: "Não tem nome, na categoria dos crimes do poder, a temeridade, a violência, a tirania a que ele se aventura, expondo-se, voluntariamente, obstinadamente, a me envenenar, com a introdução no meu sangue de um vírus sobre cuja influência existem os mais bem fundados receios de que seja condutor da moléstia ou da morte". Carlos Chagas, amigo e discípulo de Oswaldo Cruz, sucedeu-o, levando a termo, com êxito, uma paciente campanha de educação sanitária.

Duas décadas se passaram até que se desse mais um passo adiante, em favor da saúde pública. Em 1923, como resultado da pressão exercida pelos imigrantes formados por operários de origem europeia, instalou-se a discussão sobre um modelo de assistência médica para as populações pobres. Desse movimento nasceu a lei Elói Chaves que criou as Caixas de Aposentadoria e Pensão, mantidas pelas empresas contratantes, sem participação da União. Restritas aos trabalhadores urbanos, além da assistência médica ao funcionário e seus familiares, as caixas proporcionavam significativas reduções no preço dos medicamentos, bem como aposentadoria e pensão extensivas aos sucessores. A primeira caixa foi a dos ferroviários.

Com a Revolução de 30, Getúlio Vargas criou o Ministério de Educação e Saúde e substituiu as caixas pelos IAPs, Institutos de Aposentadorias e Pensões, que passaram a ser dirigidos pelos sindicatos, mantidas, essencialmente, as mesmas atribuições originais. O primeiro IAP foi o dos marítimos, financiado pelas contribuições sindicais, sem participação da União. O ministério, que congregava Saúde e Educação, através de orgãos específicos, combatia as endemias e fixava regras sanitárias. Na disputa por verbas com a área educacional, a saúde figurava como o primo pobre. Dos anos 40 até a ditadura militar de 64, predominaram as discussões sobre a unificação dos IAPs, com vistas a torná-los mais abrangentes. Dessas discussões, nasceu, em 1960, a Lei Orgânica da Previdência Social, que os unificou, em regime único, para a totalidade dos trabalhadores protegidos pela CLT – Consolidação das Leis Trabalhistas. De fora ficaram os trabalhadores rurais, os empregados domésticos e os funcionários públicos, que sempre foram colocados em posição secundária, relativamente aos mais bem protegidos trabalhadores urbanos, por pressão dos cacauicultores e cafeicultores, que se aproveitaram da ausência de articulação dos trabalhadores rurais para não arcarem com os ônus decorrentes das novas medidas. Todavia, em 1963, foi criado o Funrural (Fundo de Assistência ao Trabalhador Rural), com o oferecimento de assistência médica e aposentadoria. Foi quando começou o sistema tripartite, com o Erário somando-se às contribuições dos empregados e dos empregadores. Como frequentemente ocorre com as leis brasileiras, muita coisa não saiu do papel, até 1967, quando os militares criaram o INPS – Instituto Nacional de Previdência Social.

Diante da explosão da demanda, ficou patente a incapacidade do setor público de ofertar os serviços sem a participação da iniciativa privada. O aumento da complexidade dos serviços conduziu à criação do Inamps (Instituto Nacional de Assistência Médica da Previdência Social), em 1978, para gerir o repasse dos recursos para o setor privado. Antes, em 1972, já surgira a Associação Paulista de Saúde Pública, primeira entidade representativa dos sanitaristas brasileiros. Dois anos depois, em 1974, foi criado o FAS (Fundo de Apoio ao Desenvolvimento Social), que se revelaria instrumento eficaz na ampliação da rede de hospitais particulares, mediante financiamento com juros subsidiados.

Nos 15 anos decorridos, de 1969 a 1984, com ênfase na medicina curativa, a oferta de leitos cresceu quase cinco vezes, de 74 mil para 350 mil, ficando em plano secundário a medicina preventiva de que uma política sanitária teria sido o braço mais forte, exceção feita à criação da Sucam (Superintendência de Campanhas de Saúde Pública).

Na fase de transição democrática, da ditadura militar para o estado de direito, a sociedade passou a fiscalizar a saúde pública através do Conasp (Conselho Consultivo de Administração de Saúde Pública), acrescido, já no período democrático, do Conass (Conselho Nacional dos Secretários Estaduais de Saúde), e do Conasems (Conselho Nacional de Secretários Municipais de Saúde).

A SAÚDE A PARTIR DA CONSTITUIÇÃO DE 1988

Nesse cenário, floresceram os convênios médicos, distribuídos em cinco modalidades e destinados, essencialmente, às classes médias: medicina de grupo, cooperativas médicas, autogestão, seguro-saúde e plano de administração. Esses planos conheceram excepcional crescimento, a ponto de atenderem, em 1989, quase um quarto da população brasileira, com um faturamento da ordem de dois e meio bilhões de dólares. Paralelamente, estruturava-se o SUS, como resultado dos trabalhos constituintes, a partir de quando os trabalhadores rurais foram alcançados pelo sistema de saúde, mesmo que sujeitos a um serviço sensivelmente inferior aos recebidos pelos trabalhadores urbanos, em razão da existência de áreas ainda de difícil acesso nas regiões remotas do Brasil continental. Para amenizar essa crua realidade, o governo Dilma Roussef, em 2013, optou pela convocação de médicos estrangeiros, a maioria oriunda de Cuba, para, através deles, praticarmos algo parecido com a medicina de pés descalços da China, até que sejamos capazes de universalizar um atendimento médico de qualidade. Enquanto a população carente recebia os médicos estrangeiros de braços abertos, as classes pensantes horrorizaram-se com a conivência do governo brasileiro com a indignidade da ditadura cubana, que não só se apropriava de 90% do salário dos médicos, como mantinha suas famílias em território cubano, como reféns de sua lealdade compulsória. Só a grita popular viria alterar essa ominosa parceria.

Na década de 1990, o Projeto de Reforma Sanitária, apoiado no SUS, já em curso desde 1988, conforme mandamento constitucional, disputou prioridade com o Projeto de Saúde, de condução privada, dominante a partir de 1995. O SUS se apoia em três princípios fundamentais: a universalidade, a equidade e a integralidade, seguindo o mandamento constitucional que assegura a todo cidadão acesso pleno aos serviços de cuidado com a saúde, incluindo prevenção, tratamento e reabilitação, sem discriminação de qualquer natureza, como a cor da pele, a classe social, a renda, lugar de nascimento, religião, ideologia ou sexo.

As políticas de saúde objetivam, também, reduzir as desigualdades interindividuais e inter-regionais, por isso que devem ser supervisionadas diretamente pelos bairros e cidades dos municípios.

A predominância do Projeto de Saúde sobre a Reforma Sanitária foi denominado pela esquerda de modernização conservadora. Como é do conhecimento geral, o SUS, que demanda tantos recursos tributários, não conseguiu cumprir o objetivo de sua criação: universalizar o atendimento da demanda por saúde, entre os brasileiros. Desde sua criação, os brasileiros continuam enfrentando filas, e são obrigados, muita vez, a esperar uma eternidade para serem submetidos a uma cirurgia eletiva ou a outro procedimento médico destituído de urgência. O panorama só não é ainda mais devastador porque já passa de um quarto o percentual dos brasileiros que optaram por programas privados de saúde, não obstante seu direito de ser atendido pelo SUS que mantém com seus tributos.

A GESTÃO DA SAÚDE

Do mesmo modo que na Educação, o mero aporte de mais recursos públicos ao SUS não produzirá a melhoria desejada, se não houver sensível elevação na qualidade da gestão. Um dos maiores problemas da gestão pública brasileira é agir como se tudo dependesse apenas do aumento das verbas, quando temos abundantes provas de que pouco avançaremos se não tivermos a coragem de reconhecer o óbvio: a má qualidade da gestão pública, em todos os níveis e esferas de poder, ocasionado pela prevalência de critérios ideológicos ou eleitorais sobre os meritocráticos. As provas abundam. Vejam-se os escândalos envolvendo dirigentes de agências reguladoras, que são um órgão do Estado, e não do governo, na defesa dos interesses da sociedade. O aparelhamento de algumas dessas agências com figuras menores, a serviço da roubalheira ou de interesses meramente políticos, vem contribuindo para erodir o seu significado como órgão moderador entre o governo e a sociedade. Compare-se, numa outra frente, a relação número de empregados x produtividade, antes e depois da revolução digital. Enquanto no setor privado houve sensível aumento da produtividade *per capita*, passando as empresas a faturar mais com menos empregados, o setor público aumentou, irracionalmente, o número absoluto de funcionários, com o consequente aumento dos espaços físicos ocupados. Quando a capital era o Rio de Janeiro, os deputados não tinham escritório, nem residência, nem passagens, nem auxiliares pagos pela União. Hoje, é a farra que se vê, com casa, escritório, passagens e um número recorde de funcionários que não para de crescer. Do Executivo, é o que todos veem. Contra o mínimo de racionalidade, o número de ministérios subiu de 11 para 39, em 2013, subdivididos com os partidos que compõem a base partidária, num vergonhoso loteamento de responsabilidades e atribuições caras ao povo brasileiro e aos valores da República. No Judiciário, a predominância da irracionalidade administrativa faz parecer que falta pessoal indispensável ao cumprimento satisfatório de tão importante dimensão do Estado, sem falar da possibilidade do uso excessivo de recursos, que retardam, *ad infinitum*, a conclusão dos processos.

A saúde não é exceção. Impõe-se uma revisão de prioridades na aplicação dos recursos e na seleção dos gestores, a partir de critérios técnicos. Enquanto perdurar a predominância corrente de critérios partidários e eleitoreiros, o desperdício e os desvios serão a causa geradora da ineficácia reinante. Para contornar esse preocupante dado da realidade, impõe-se o treinamento sistemático dos quadros vigentes para que possam elevar os seus níveis de competência.

Programas, como o Saúde da Família, que dá atendimento básico a famílias previamente inscritas, devem aumentar o seu alcance para beneficiar 100% dos que deles necessitam, partindo dos 50% atuais. Essa elevação gradativa, que ocasionará aumento inicial de despesas, proporcionará, no médio e longo prazos, sensível economia de escala advinda dos cuidados preventivos. Em saúde, como em quase tudo, prevenir é mais barato e eficiente do que remediar. Papel relevante deve caber aos conselhos municipais de saúde no monitoramento e fiscalização dos recursos aplicados em cada programa. Na realidade, o SUS precisa curar-se de seus vícios para que possa cumprir, de modo satisfatório, sua sagrada missão de curar.

INFECÇÃO HOSPITALAR

Apesar da criação, em 1988, da primeira Comissão de Controle de Infecção Hospitalar, ainda não dispomos de estatísticas confiáveis sobre o número anual de mortes pelo chamado contágio nosocomial. Porém, a Anbio (Associação Nacional de Biossegurança) apresenta dados alarmantes, a começar pelo reconhecimento de que 80% da rede hospitalar brasileira não faz este controle. Segundo declara, a depender da unidade hospitalar, o percentual de pacientes que contraem infecção hospitalar pode variar de 14% a incríveis 88,3%, ocasionando cerca de 100 mil mortes, anualmente. Havendo cuidado, o índice pode ficar próximo de zero, segundo a direção da entidade. Mais conservadora, a OMS, considera razoável um percentual médio de 14% dos pacientes afetados. A verdade é que a possibilidade de contrair infecção hospitalar depende dos cuidados que as diferentes unidades dispensam à questão. Lavar repetidamente as mãos, não sair às ruas vestido com o jaleco, usar máscaras, atentar para a ingestão correta das dosagens medicamentosas, mudar regularmente o filtro dos aparelhos de ar refrigerado, não usar o pano de chão em diferentes unidades de tratamento são medidas preventivas de reconhecida eficácia. Desgraçadamente, a Anbio estima que apenas 1% das unidades hospitalares cumprem satisfatoriamente essas medidas cautelares. O anúncio de uma política pública para reduzir o número de vítimas fatais da infecção hospitalar produzirá notável resultado.

CRESCIMENTO DA SAÚDE

A partir da década de 1940, como consequência do progresso da medicina, dos avanços na prestação de serviços de saúde pública – na Previdência Social, no saneamento básico, na proteção das leis trabalhistas –, houve considerável aumento da longevidade. Uma sensível modificação no perfil da população brasileira resultou inevitável. De um lado, já na década de 1970, a par do aumento da longevidade, deu-se a redução da mortalidade infantil, coincidindo com a migração do campo para a cidade; do outro, ocorreu uma expressiva redução nos níveis de fecundidade, tendência que se acentuou desde então.

O envelhecimento da população gerou grande aumento da demanda por serviços de saúde. Nos 40 anos compreendidos entre 1970 e 2010, as doenças crônicas e degenerativas substituíram as infecciosas e transmissíveis. As doenças ligadas à obesidade substituíram as nascidas da subnutrição.

Os estudos revelam que o problema brasileiro não reside na falta de médicos, mas em sua péssima distribuição geográfica, derivada da desigual distribuição de renda entre as diferentes regiões e da desigual infraestrutura em que as especialidades médicas se apoiam para o cumprimento adequado de sua finalidade, realidade que a expansão do SUS e dos planos de saúde privados melhoraram de modo limitado. Sem a melhoria da infraestrutura médica, dificilmente a meta oficial de disponibilizar 2,5 médicos por 1.000 habitantes, ou um médico para cada grupo de 400 pessoas, será alcançada de modo satisfatório.

Em 1970 havia no Brasil 60 mil médicos para uma população de 94,5 milhões de habitantes, correspondendo a um médico para cada grupo de 1,57 mil pessoas. Em 2010, já eram 365 mil médicos para uma população de 190,8 milhões de habitantes, cabendo um médico por grupo de 540 pessoas. Em 2012, chegamos a apenas um médico por 510 habitantes, 20% abaixo da meta, quando o clamor nascido da insatisfação tornou-se ensurdecedor. Numa prova de como as médias podem enganar, enquanto essa era a média nacional, na Região Sudeste, havia um médico para 380 pessoas; na Região Sul, um médico para 490 indivíduos; na Centro-Oeste, um médico por 500 habitantes; no Nordeste, um médico para 840 pessoas; e na Região Norte, um médico para 1.020 habitantes. É fácil compreender porque o programa Mais Médicos, lançado em julho e iniciado em setembro de 2013, priorizou as regiões Norte e Nordeste para receber as primeiras levas de médicos vindos do exterior, sobretudo de Cuba. Segundo lideranças médicas sustentam, a falta de um plano organizado de carreira para a profissão responderia por essas distorções.

ESTATÍSTICAS DE MORTALIDADE NO BRASIL

A mortalidade infantil no Brasil ainda é muito elevada, apesar de vir, sistematicamente, diminuindo nos últimos anos, caindo, entre 2004 e 2010, de 492 para 346 em cada grupo de dez mil crianças nascidas vivas, considerada a faixa etária de até cinco anos.

Por outro lado, no mesmo período, o número de óbitos maternos em consequência de partos em 100 mil nascimentos com vida, oscilou, irregularmente, entre 1.622, em 2006, e 1.718, em 2010, tendo havido, portanto, regresso. É possível que a ausência de controle estatístico confiável responda, parcialmente, por essa preocupante discrepância.

Segundo avaliações do governo brasileiro, os mais graves problemas de saúde, por cada grupo de 100 mil habitantes são: doenças cardiovasculares que atingem 151,7 pessoas; câncer, 72; acidentes, violência e suicídio, 71,7. Um estudo divulgado na Grã-Bretanha, em 2010, situou o Brasil no 38º lugar em "qualidade de morte", entre 40 países considerados, em razão da baixa qualidade dos tratamentos paliativos e dos medicamentos analgésicos disponibilizados pela saúde pública. Isso significa reconhecer que no Brasil vive-se e morre-se mal.

SANEAMENTO BÁSICO

A OMS aponta o saneamento básico como um dos principais fatores determinantes da saúde dos povos. Milhões de pessoas morrem todos os anos, sobretudo nos países de baixa renda, em consequência da precariedade de sua infraestrutura sanitária, bastando mencionar que 88% das mortes provocadas por diarreia decorrem de más condições sanitárias, representando as crianças, 1,5 milhão, 84% das vítimas. Essa é a segunda maior causa da morte de crianças abaixo dos cinco anos de idade no mundo.

Nos países de clima tropical, como o Brasil, as doenças de transmissão feco-oral, sobretudo a diarreia, se multiplicam durante os períodos de chuva, como durante as secas, entre as quais sobressaem a cólera, a giardíase, a febre tifoide, a infecção por shigella, e outras. Entre nós, deficiências no saneamento básico respondem por mais de 80% dessas doenças, segundo o IBGE. Com uma fração dos recursos que, historicamente, temos despendido para tratar essas doenças, teríamos construído uma rede de coleta e tratamento de esgotos que as evitaria, tornando o nosso povo mais feliz e mais produtivo.

O Instituto Trata Brasil, através da pesquisadora Denise Kronemberger, produziu um estudo destinado a estabelecer a relação direta entre essas doenças e nosso deficiente sistema sanitário, tomando como referência os 100 mais populosos municípios brasileiros, entre os anos de 2008 e 2011. Os resultados foram virtualmente lineares entre infraestrutura sanitária e o número de internamentos por essas doenças. Os 20 municípios com melhor desempenho foram Taubaté, Praia Grande, São Bernardo do Campo, Suzano, Rio de Janeiro, Bauru, Caxias do Sul, Campinas, Montes Claros, Betim, Franca, Jundiaí, Guarujá, Pelotas, Petrópolis, Santos, Florianópolis, Volta Redonda, Itaquaquecetuba e Mauá. Observe-se que não há um município sequer entre os de melhor desempenho localizado no Norte ou no Nordeste. Os dez piores resultados ficaram com os seguintes municípios: Maceió, João Pessoa, Santarém, Campina Grande, Vitória da Conquista, Várzea Grande, Belém, Anápolis, Belford Roxo e Ananindeua. À exceção de Várzea Grande, Anápolis e Belford Roxo, localizados, respectivamente, nos Estados do Mato Grosso, Goiás e Rio de Janeiro, todos os piores resultados estão situados em municípios do Norte e do Nordeste brasileiro. Enquanto em Taubaté, município com o melhor desempenho, os gastos com internação por diarreia foram de R$721 por 100 mil habitantes, em Ananindeua, município com os piores resultados, esses gastos subiram a R$314.459! Ou seja: os gastos *per capita* para remediar a imprevidência praticada em Ananindeua foram 436 vezes maiores do que os destinados à população de Taubaté! É preciso dizer mais para realçar quão onerosa tem sido a imprevidência nesse segmento básico de nossa carente infraestrutura sanitária? Vale a pena conhecer a pesquisa da professora Denise Kronemberger que minucia os vários aspectos do saneamento básico e seus impactos sobre a saúde, como abastecimento de água, coleta e tratamento de esgoto.

O DENGUE, *AEDES AEGYPTII*

O *Aedes aegyptii*, que não tem origem americana, chegou ao Brasil através do continente africano, supostamente no começo do século XIX, aqui encontrando condições ideais para sua propagação, em extensão e intensidade, não obstante a queda de braço entre a epidemia e seu combate. Foi erradicado a partir de 1957, reaparecendo dez anos mais tarde, para ser mais uma vez eliminado, em 1973, ressurgindo com vigor três anos depois, em 1976. Aquele combate, realizado por guardas sanitários, se apoiava no conhecimento dos hábitos do mosquito e sua dinâmica. Esse método já não funciona na realidade urbana atual, razão pela qual o Ministério da Saúde decidiu pelo controle da doença, em vez de sua improvável erradicação. Uma vez assegurado o controle, partir-se-ia, numa fase final, para a erradicação vertical, o que não ocorrerá enquanto não conhecermos os criadouros matrizes do mosquito. O recurso a larvicidas não assegura o controle da doença, apenas a redução temporária de sua densidade, porque os larvicidas são meios de erradicação e não de controle. O monitoramento do lixo e da gestão da água potável é indispensável para o controle de *Aedes aegyptii*.

Em lugar de prevenir a propagação de doenças específicas, como o dengue, o Brasil optou pela expansão da oferta de serviços gerais de saúde, através do SUS, conforme projeto da década de 1980. O dengue se inclui entre as doenças cujo combate torna imprescindível a participação da população, como ocorre com a febre amarela, dentre outras. O grande problema do combate vertical das epidemias resulta da tendência histórica de se universalizar a aplicação de um método nascido de uma dada realidade, sem levar em conta as diferentes peculiaridades de nosso país continental. Segundo essa visão acrítica, o que fosse bom para o Rio de Janeiro seria bom para o simpático e pequeno município de Planaltino, na Bahia, o que, quase sempre, não é verdade.

Do mesmo modo que é previsível que ressurja a certos intervalos, os epidemiologistas previram, no início de 2001, sem serem ouvidos, uma epidemia de dengue no verão seguinte, no Rio de Janeiro, que de fato ocorreu e foi vencida em maio de 2002. O combate a esta praga, no estilo preconizado pela figura legendária de Oswaldo Cruz, no início do século XX, mediante a visita periódica de guardas sanitários a todos os endereços urbanos, parece não ser a mais adequada nos dias de hoje. Pensam os especialistas que essa inadequação resulta do fato de ser o dengue um problema de saúde coletiva, mais do que, simplesmente, um problema médico, de caráter entomológico ou virológico.

A teimosa reincidência do dengue, portanto, decorre da decisão política, na fase inicial do SUS. Em tese, a decisão do governo de não priorizar o ataque vertical a certas doenças parece acertada, enquanto não formos capazes de construir um modelo que leve em conta o conjunto das características ambientais, regionais, como fator de elevação da eficácia do combate.

O modo inteligente como a região Sudeste lidou com a epidemia de cólera, na década de 1990, deveria ser tomado como paradigmático do modelo de que necessitamos para combater epidemias como o dengue. Informada de como poderia e deveria colaborar, a população passou a lavar os alimentos vegetais, a limpar as caixas d'água, e os serviços de abastecimento passaram a fiscalizar a qualidade da água, tanto na saída dos reservatórios, quanto das torneiras dos consumidores, por amostragem. Os órgãos responsáveis pelo meio ambiente, por sua vez, buscaram prevenir a contaminação da água superficial e subterrânea, mediante a despoluição de baías e bacias hidrográficas, colaborando na cloração adequada da água destinada ao consumo humano. O saneamento da Baixada Fluminense, casado com a despoluição da baía da Guanabara, foi o de mais eficaz que se fez, no particular, em solo brasileiro. Municípios e governo do Rio de Janeiro deram-se as mãos para a conquista de um grande desiderato comum.

No caso do dengue, prevaleceu a desinformação e a falta de maturidade operacional, além da ausência de articulação entre os órgãos potencialmente envolvidos. A população não foi esclarecida sobre as características básicas de *Aedes aegyptii*, como o desenvolvimento da larva a partir do sétimo dia, o que ensejaria a eliminação de potenciais criadouros. A conhecida eficácia do uso da creolina em ralos foi subestimada.

Desgraçadamente, a maior parte da população brasileira, insuficientemente educada, só valoriza as intervenções oficiais quando as epidemias aparecem fazendo estragos. Daí advém o desprestígio de ações preventivas que não dão bônus eleitoral. Entre os políticos, circula a convicção de que obra subterrânea não dá votos. Sem um trabalho prévio de orientação à população, doenças como o dengue e a febre amarela continuarão fazendo vítimas fatais, de que é prova o surto do dengue nos primeiros meses de 2015, em diferentes estados da União, em caráter epidêmico (mais de 300 casos por grupo de 100 mil pessoas), como o Acre, Minas Gerais, Pernambuco, Goiás e, sobretudo, São Paulo, líder absoluto da epidemia.

TUBERCULOSE

Dos 8,5 milhões de casos de tuberculose registrados, anualmente no mundo, o Brasil comparece com pouco mais de 100 mil, número que nos coloca sensivelmente abaixo da incidência média *per capita* da doença em escala global. Desse total, 80% estão em 22 países, inclusive o Brasil, que aparece na 15ª posição, em números absolutos, ocupando a Índia a primeira posição. Em termos relativos, a posição do Brasil cai para a 22ª posição. A OMS estima que haja 1,9 milhão de mortes por ano, 98% das quais ocorrendo em países subdesenvolvidos e em desenvolvimento, 350 mil dessas mortes associadas à Aids. Se não houver avanços no combate a essa epidemia, estes números podem chegar, já em 2020, a um alarmante bilhão de pessoas infectadas, das quais 200 milhões contrairão a doença, e 35 milhões perecerão, segundo o Banco Mundial.

A tuberculose, como tantas outras, é uma doença que se associa à pobreza, sobretudo nas periferias urbanas. Doença de caráter social, por excelência, a tuberculose reduz a produtividade das nações mais pobres, precisamente aquelas que precisam melhorar o seu desempenho geral, embora ela possa surpreender gigantes como os Estados Unidos e países que em passado recente integraram a União Soviética, como aconteceu no começo da década de 1990, apresentando-se sob a forma de tuberculose multirresistente (TBMR), fato que reabriu os olhos do mundo. A TBMR estava presente em 63 dos 72 países que se submeteram a uma auditoria entre os anos de 1994 e 1999.

Fugindo à relação linear entre pobreza e incidência da tuberculose, no Brasil, enquanto a média nacional é de 48,4 casos por 100 mil habitantes, no rico Sudeste a incidência sobe para 55,0/100 mil, caindo, no Nordeste, para 44,4/100 mil. A Região Norte ficou próxima ao índice geral, com 47,6/100 mil, enquanto as regiões Sul e Centro-Oeste ficaram bem abaixo, com 37,7/100 mil e 29,5/100 mil, respectivamente. O Rio de Janeiro apresentou o pior resultado, com 91,9/100 mil.

Garante a OMS que, em 1993, reconheceu o caráter de emergência da tuberculose, e a sua associação com o HIV constitui calamidade sem precedentes na história da saúde. Se o tratamento continuar como se encontra, sem avanços na precocidade do diagnóstico, em 2020, segundo o Banco Mundial, mais da metade das mortes de adultos nos países em desenvolvimento será provocada pela tuberculose.

# SEGURANÇA PÚBLICA

O panorama da segurança pública no Brasil é de tal gravidade que melhor seria denominá-la "insegurança pública". Não é de estranhar, pois, que o sentimento de permanente insegurança seja o fator que mais estressa a população brasileira, sobretudo a que vive nas cidades – grandes, médias e pequenas –, como se pode ver nas estatísticas da violência. O bucolismo rural perdeu muito de seu encanto antigo, pela presença de assaltos constantes, inclusive de invasores profissionais de propriedades particulares, sob a proteção de falso interesse social. As cautelas que o medo ubíquo impõe são de natureza a inverter a ordem natural das coisas: os bandidos andam à solta enquanto os cidadãos decentes vivem aprisionados em seus condomínios e *bunkers*, atrás de muros altos e eletrificados. Algum alívio, só quando há eventos internacionais de curta duração, numa determinada cidade ou região.

A partir do início do terceiro milênio, a segurança pública, que já vinha se deteriorando a olhos vistos, passou a ser encarada como um dos problemas nacionais prioritários. De fato, especialistas e o público, em geral, se irmanam no entendimento da suprema relevância da questão.

Enquanto do generalizado sentimento de insegurança poder-se-ia dizer resultar de hipertrofia psicológica, os dados da fatídica realidade de todos os dias, sobretudo nos ambientes urbanos, passaram a demonstrar que o Brasil se tornou uma das nações mais violentas entre as 50 maiores economias do planeta.

Resolver esta magna questão, devolvendo ao país taxas razoáveis de criminalidade, passou a ser imperativo da vontade nacional.

Aturdidos em face do panorama confuso que se desdobra à sua frente, brasileiros de todas as idades e estratos sociais se unem no questionamento das providências que urge empreender para que não dependamos, cada vez mais, de nossa elástica capacidade para conviver com o absurdo, num ressurgimento, psicologicamente patológico, da aceitação da banalização do mal, relativamente ao holocausto, de que falou a pensadora Hannah Arendt.

De fato, a sensação unanimemente partilhada é a de que o sistema institucional brasileiro entrou em parafuso, de tal modo se degradam os espaços públicos, o funcionamento regular das estruturas dos poderes Executivo, Legislativo e Judiciário, desnaturadas pela corrupção generalizada e galopante, na sucessão dos escândalos de que não temos memória para ir além da computação dos últimos. Seriam estes desmandos, impunes na sua maioria, a matriz principal da violência que compromete nossa alegria de viver?

No bojo da violência e como parte dela, temos o naufrágio de nosso sistema penal, a violência policial, a superlotação dos presídios, com seus consectários de fugas e distanciamento da pena do seu propósito de ressocializar o preso. O assassinato de 60 presos, no ano de 2013, num presídio imundo maranhense simboliza, com propriedade, a miséria de nosso sistema carcerário. Isso sem falar do fracasso de nossas investigações criminais que culminam com um dos mais baixos índices de identificação dos homicidas e de sua punição em todo o mundo. E quando trazidos às barras dos tribunais, nossa morosidade judicial enseja o esquecimento e a prescrição das penas, constituindo-se, isoladamente, em notável fator de impunidade, estimulador da percepção do crime como um negócio que, no Brasil, compensa. Recorde-se o conselho do presidente FHC aos líderes do seu partido, o PSDB:

> Quanto à insegurança causada pela violência e pelo banditismo, é preciso reprimi-los e está na hora de o PSDB apresentar um plano bem embasado de construção de penitenciárias modernas, inclusive algumas sob a forma de parcerias público-privadas, como foi feito em Minas Gerais. É o momento para refazer a Lei de Execuções Penais e incentivar os mutirões que tirem das prisões quem já cumpriu pena, como também pôr fim, como está fazendo São Paulo, às cadeias em delegacias e, ainda, incentivar os juízes à adoção de penas alternativas.

A atual incapacidade para lidar com a crescente horda de jovens delinquentes constitui capítulo à parte em nossa incompetente política de promoção do crime, a começar pelo debate em torno da maioridade penal que deve vigorar no Brasil.

## A MAIORIDADE PENAL

A definição da idade a partir da qual os indivíduos são penalmente responsáveis tem variado, com grandes oscilações quantitativas, no tempo e no espaço. Esse marco etário é conhecido como maioridade penal ou como idade da responsabilidade criminal. As punições atribuídas a quem delinque abaixo dessa idade limite são sempre mais brandas, variando também no tempo e na geografia.

Em países como Bangladesh, Singapura, Índia, Paquistão, Tailândia, Mianmar (ex-Birmânia), Nigéria, Sudão, Tanzânia e África do Sul, a maioridade se dá aos sete anos, e nas diferentes províncias da Groenlândia, o limite varia entre os seis e os sete anos. Na Indonésia e no Quênia, a maioridade se dá aos oito; nas Filipinas e na Etiópia, aos nove; na Inglaterra, na Ucrânia e no Nepal, aos dez anos; na Grécia, Países Baixos, Canadá, Marrocos, Uganda e Coreia do Sul, aos 12; na Nova Zelândia, Israel, França, Uzbequistão e Argélia, aos 13; na Áustria, Itália, Vietnã e China, aos 14; na Escandinávia e Egito, aos 15, e na Argentina, aos 16 anos. Outros países como o Brasil e a Alemanha, adotam o limite de 18 anos.

Na China, adolescentes entre 14 e 18 anos estão sujeitos a um sistema judicial juvenil, e suas penas podem chegar à prisão perpétua no caso de crimes particularmente bárbaros, chamados no Brasil de "crimes hediondos".

Depois de reduzir a maioridade penal para 14 anos, o Japão voltou atrás e elevou-a para 20 anos. Os Estados Unidos, o México, Bangladesh e a Groenlândia são casos à parte.

Nos EUA, a maioridade penal varia de acordo com a lei das respectivas unidades federadas, sendo que 13 dos 50 estados limitam a minoridade entre os seis e os 12 anos. No geral, a fixação do limite se baseia nos usos e costumes regionais, prevalecendo o chamado direito consuetudinário.

No México, o limite se situa entre seis e 12 anos, nos diferentes estados, sendo 11 anos a idade mínima para os crimes federais! É de tirar o fôlego!

Além da penal, a lei define outros tipos de maioridade, como a eleitoral, a civil, a nupcial, a laboral, para guiar bicicleta, moto ou automóvel etc.

Os delitos praticados pelos menores penais são chamados de atos infracionais, seus agentes de "menores infratores" ou "adolescentes em conflito com a lei", e as punições a eles aplicadas são consideradas "medidas socioeducativas" que, no Brasil, não passam de três anos, em casas especiais, que, historicamente, não têm sido capazes de cumprir sua missão socioregeneradora.

Em tese, é impróprio considerar-se uma idade qualquer como a mais indicada, sem levar em conta as características socioculturais do país, impondo-se a realização de uma adequada "redução sociológica", como nos ensinou o saudoso mestre Alberto Guerreiro Ramos, em livro famoso, com esse mesmo título.

Como princípio fundamental orientador da fixação da maioridade penal, a ONU, em 1985, estabeleceu as "Regras Mínimas das Nações Unidas para a Administração da Justiça Juvenil", conhecidas como as Regras de Pequim, onde se recomenda que a responsabilidade criminal seja baseada na "maturidade emocional, mental e intelectual" do jovem infrator, devendo-se evitar níveis etários excessivamente baixos. O grande problema consiste em saber o que é "baixo demais", havendo países que voltaram ao nível anterior, depois de o haverem baixado ou elevado.

Como sempre reagindo ao clamor público, a questão da maioridade penal entre nós volta à tona quando um infante ou um adolescente comete um crime bárbaro, como tem ocorrido, com preocupante frequência. Em face disso, cresce o número e a qualidade dos que consideram que urge reduzir a idade penal no Brasil, hoje uma das mais ostensivas motivações para a criminalidade, diante da perda do poder de sanção dos valores sociais, desrespeitados e pisoteados em toda parte. O dilema consiste em saber o que é mais importante: a proteção da sociedade ou a tolerância com jovens delinquentes forjados pela omissão e crimes das elites dirigentes.

Muita gente ainda morrerá até que nos rendamos à óbvia necessidade de reduzirmos a idade penal, como medida paliativa à violência reinante, decorrente, em última análise, do nosso lamentável sistema educacional que tanto compromete a consolidação da democracia brasileira.

Por tudo isso, o problema da segurança não pode mais ser considerado uma questão exclusiva e tecnicamente vinculada ao direito e ao aparato policial e presidiário, passando a ser tema do interesse imediato do cidadão que clama por soluções que lhe devolvam o perdido sentimento de segurança. O mundo acadêmico e os cientistas sociais devem ser convocados para, em mutirão multidisciplinar, contribuírem, com celeridade, com sugestões capazes de debelar uma crise que se intensifica e perpetua. A verdade é que o caráter crítico da atual insegurança brasileira não compreende a monacal pachorra com que o Congresso Nacional vem conduzindo a reclamada Reforma Penal. É como se bombeiros aguardassem, burocraticamente, a chamada de alguém para, finalmente, saírem a debelar o fogo que arde diante dos seus olhos, matando e destruindo.

Desgraçadamente, iniciativas bem intencionadas como o Sistema Nacional de Estatísticas de Segurança Pública e Justiça Criminal e a Senasp (Secretaria Nacional de Segurança Pública), e o Susp (Sistema Único de Segurança Pública), fundados em 2003, concebidos como mecanismos destinados a estancar a violência, não têm sido capazes de cumprir a finalidade que inspirou sua criação. Desde 1980, a criminalidade não tem parado de crescer no Brasil, bem como os gastos para combatê-la, incluídos os destinados ao extensivo levantamento estatístico de sua diversificada gênese.

MORTES POR ARMAS DE FOGO

Em 2010, o Brasil contava com 15,2 milhões de armas de fogo em poder do público, sendo 6,8 milhões registradas e 8,4 sem registro, incluídos aos 3,8 milhões, supostamente, em poder de criminosos. Nos 30 anos compreendidos entre 1980 e 2010, registraram-se quase 800 mil mortes por armas de fogo, em razão de um crescimento constante, a partir de 8.710, em 1980, para 38.892, em 2010, correspondendo a um aumento de 346,5%, números exasperadores, mesmo quando consideramos que no mesmo período a população brasileira aumentou 60,3%. A partir de 2003, os números se mantiveram estáveis. Um dado que eleva a gravidade do quadro é a predominância de jovens de 15 a 29 anos entre os mortos, subindo de 4.415, em 1980, para 22.694, em 2010, uma elevação de 414%. A predominância de homicídios nessas estatísticas é absoluta, diante da dimensão numérica dos acidentes, dos suicídios e de mortes por causas indeterminadas.

Ressalte-se que a evolução desses registros se dá de modo acentuadamente desigual entre as diferentes regiões e unidades federadas do país. Um levantamento realizado para identificar a participação de cada região e de cada estado na elevação da média ponderada de 11,2% no número de mortes por armas de fogo, entre 2000 e 2010, revelou gritantes disparidades. Enquanto na região Norte o crescimento médio foi de 195,2%, com o Pará liderando, com um aumento de quase 400%, seguido do Amapá e do Amazonas, estados de pequenas populações, com elevação pouco acima de 150%, o Sudeste, que detém o maior percentual da população brasileira, apresentou uma queda de 39,7%, com São Paulo alcançando uma redução de 65%, acompanhado do Rio de Janeiro, que recuou 37,6%. Na região Nordeste, a elevação foi de 92%, cabendo a liderança macabra ao Maranhão, com 344,6%, seguido de Alagoas, Bahia, Ceará e Paraíba, com taxas superiores a 200%. A palma de ouro no Nordeste ficou com Pernambuco, que conquistou, no período considerado, uma redução de 27,8%. A região Centro-Oeste apresentou números estáveis, com pequena queda nos Estados do Mato Grosso e Mato Grosso do Sul, e ligeira elevação em Goiás e no Distrito Federal. Na região Sul, o número de mortos por arma de fogo cresceu 53,6%, em razão do suprendente aumento de 112,7% no Paraná. Esses números comprovam o papel que a qualidade da gestão desempenha na redução desse holocausto continuado que confere ao Brasil a triste liderança mundial em mortes por armas de fogo, mortes que se distribuem de modo desigual entre as capitais e o interior dos diferentes estados. Enquanto a população das capitais representa quase um quarto da brasileira, 47 milhões, o número de vítimas nelas representa 35% do total nacional.

Nas diferentes capitais, a evolução da violência se deu, também, de modo desigual, oscilando entre queda, aumento e estabilidade.

Entre as capitais que reduziram as mortes por armas de fogo, São Paulo lidera com -71,4%, seguida de Campo Grande, com -54,4%; Rio de Janeiro, com -52,7%; Cuiabá, com -41,5%; Recife, com -41,4%; Boa Vista, com -25%; Porto Alegre, -11,2; Rio Branco, com -7,3%.

Entre as capitais que permaneceram estáveis, com crescimento abaixo de 10%, estão Aracaju e Vitória, com 4,7%; Palmas, 4,8%; Belo Horizonte, com 7,3% e Brasília, com 10,2%.

No terceiro grupo lideram São Luís, com 267,4% de aumento; Maceió, com 249,6%; Fortaleza, 235%; Belém, 215,4%; Florianópolis, 212%; João Pessoa, 174,1%; Macapá, 171,9%; Salvador, 157,8%; Manaus, 154,3%; Curitiba, 138% e Natal, com 109,6%.

Nas demais capitais, Teresina registrou crescimento de 94,9%; Goiânia, 57,2% e Porto Velho, 20,2%.

Dos quatro municípios mais violentos do País, com mais de 100 mortes por arma de fogo para cada grupo de 100 mil habitantes, dois estão na Bahia: Simões Filho, o mais violento, com 141,5, e Lauro de Freitas, o terceiro, com 106,6; e dois no Paraná: Campina Grande do Sul, o segundo mais violento, com 107, e Guaíra, o quarto, com 103,9.

Entre as capitais, Maceió lidera com 91,6 mortes, vindo Salvador em 2º, com 63,1 mortes; João Pessoa, em 3º, com 61,3 mortes; Vitória, em 4º, com 61; Recife, em 5º, com 59,8; Curitiba, em 6º, com 47,6. Quem quiser maiores detalhes consulte os dados levantados, conjuntamente, pela ONU, Ministério da Justiça e as secretarias de segurança pública das diferentes unidades da Federação.

Vamos esperar que ocorra uma vítima fatal no universo de nossas afeições para reclamarmos ações que levem a mudanças?

Vejamos um quadro comparativo entre o número de mortes por armas de fogo no Brasil, no ano de 2010, e os principais conflitos mundiais em anos próximos. Enquanto, no Brasil, se registraram 38.892 mortes, o movimento de emancipação da Chechênia, da Rússia, registrou, entre 1994 e 1996, uma média anual de 25 mil. A disputa territorial entre a Etiópia e a Eritreia, nos anos 1998-2000, registrou, também, uma média anual de 25 mil mortes. A guerra civil na Guatemala, 1970-1994, deixou 16.667 mortos. A guerra civil da Algéria, 1992-1999 e a Guerra do Golfo, 1990-1991, mataram, cada uma, 10 mil pessoas por ano. Nos 12 anos da Guerra Civil em El Salvador, 1980-1992, morreram 6.667 pessoas. A disputa territorial entre a Armênia e o Azerbaijão, 1988-1994, matou 30 mil pessoas, do mesmo modo que a Guerra Civil na Nicarágua, entre 1972 e 1979.

A luta pela independência do Timor Leste, independência e Guerra Civil de Angola e de Moçambique, a Guerra Civil do Srilanka, da Somália, do Camboja, do Peru e da Colômbia, nenhuma delas chegou, sequer, perto da matança anual brasileira. Do mesmo modo, as lutas territoriais entre israelenses e palestinos, israelenses e egípcios, movimentos de emancipação dos curdos, das Malvinas, da Chechênia, da Irlanda.

A extensa fronteira brasileira, associada com uma atitude leniente diante de países vizinhos que fomentam o tráfico de drogas e armas, contribui de modo marcante para o aumento da violência que ceifa tantas vidas, particularmente dos mais jovens.

A BANALIZAÇÃO DO MAL

Hannah Arendt, uma das maiores pensadoras do século XX, resumiu sua portentosa denúncia da omissão dos alemães, como fator responsável pela matança de judeus, afirmando em seu conhecido livro de 1963, *Eichmann em Jerusalém*, que o Holocausto decorria da "banalização do demoníaco", expressão que ficou conhecida entre nós como "a banalização do mal", o que vem a ser a mesma coisa.

Com vertentes distintas, parece que o mesmo fenômeno se verifica no Brasil de nossos dias, onde rivalizam a quantidade dos crimes contra tudo, inclusive a vida, e a intensa crueldade. Diante desse inferno, a sociedade, com a exceção dos movimentos de junho de 2013, tem reagido com conformismo suicida.

O pior de tudo nesta luta desigual entre os cidadãos pacatos e a marginalidade militante é a predominância de sociólogos e ideólogos populistas que defendem a inércia da sociedade, diante da ubíqua ameaça à vida, com base no fundamento insensato e demagógico de que esse grave panorama decorre da maldade intrínseca das elites que patrocinam um quadro de ingentes desigualdades sociais, ignorando a lição da história que nega legitimidade a essa inferência destituída de qualquer base empírica, de que são prova diferentes nações pobres do mundo onde os índices de criminalidade figuram entre os menores, a exemplo da Índia, dos dois terços pobres da China, da maioria das nações asiáticas e do Oriente Médio. Num outro extremo, nações vizinhas, como Canadá e Estados Unidos, igualmente ricas, registram desiguais índices de criminalidade por grupo de 100 mil habitantes, compensados com também desiguais populações carcerárias, provando que muito mais do que a pobreza, a perda de valores e a impunidade respondem pela violência, campos em que o Brasil lidera com muitos corpos à frente. O psicólogo Stanton Samenow, notabilizado pelos seus estudos sobre as raízes da criminalidade, e o economista Gary Becker, ganhador do Nobel, ambos norte-americanos, por caminhos distintos concluíram, de modo convincente, que não é a pobreza a causa central da criminalidade.

Sabemos que a educação é o único, confiável e mais barato caminho para o avanço harmônico dos povos, da pobreza para a prosperidade, da barbárie para a construção de uma sociedade fraterna. Sabemos também que a educação não é uma corrida de 100 metros rasos, mas uma maratona que demanda tempo, persistência e continuidade. Enquanto não a implementarmos de modo adequado, como nos recomenda a experiência dos povos bem-sucedidos, é imperativa a adoção de medidas que restaurem o mínimo de segurança capaz de eliminar o sentimento de inquietação e medo que se apossa da alma dos brasileiros. Caso contrário, a repetição de tantos episódios macabros, Brasil afora, comprometerá de modo irremissível, como vem comprometendo, nossa alegria de viver.

O que impressiona no festival de omissões, associado à criminalidade, é a incapacidade, de mescla com a insensibilidade, dos que estão em posição de decidir – Executivo, Legislativo e Judiciário –, para compreender que, pelo menos em caráter transitório, precisamos de uma legislação de emergência que autorize a retirada de circulação de contumazes agentes do mal.

Para que se tenha uma pálida ideia de nossa leniência punitiva, enquanto os Estados Unidos, com 300 milhões de habitantes, têm uma população carcerária de dois milhões e 200 mil presos, o Brasil, com quase 200 milhões, dois terços aproximadamente, que deveria ter uma população carcerária de um milhão e 400 mil presos, tem, apenas, 500 mil. Isso se a criminalidade brasileira fosse do mesmo nível da americana, o que sabemos não ser verdade. O restante dos marginais encontra-se nas ruas, aguardando a próxima vítima que pode ser o leitor destas mal traçadas linhas, consciente de que, mercê da conduta abúlica das autoridades diante dos malfeitos, o antigo brocardo que ensinava que "o crime não compensa" vem perdendo sentido em nosso país.

O resultado deste déficit é a superlotação, que vem acompanhada de maus-tratos, doenças, motins, rebeliões e mortes. De acordo com dados do Sistema Integrado de Informações Penitenciárias do Ministério da Justiça, o Brasil tem hoje a quarta maior população carcerária do mundo, atrás apenas, em números absolutos, dos Estados Unidos, da China e da Rússia, com, respectivamente, 2,2 milhões, 1,6 milhões e 800 mil.

Em números relativos, a liderança é dos Estados Unidos, com 714 prisioneiros para cada 100 mil habitantes. Com pouco mais de 4% da população mundial, os Estados Unidos têm 22% dos encarcerados do planeta. Em segundo lugar vem a Rússia com 550 presos por 100 mil habitantes, seguida do Turcomenistão, com 489. No continente africano, a África do Sul lidera com 413 por 100 mil. Na América do Sul, o Suriname lidera com 437 presos por 100 mil, ficando o Brasil muito abaixo, com 250 presos por 100 mil habitantes. A menor população carcerária do mundo é a da minúscula república de San Marino, no norte da Itália, com, apenas, dois presos ocupando, confortavelmente, instalações para 12.

TAXA DE OCUPAÇÃO PRESIDIÁRIA

Enquanto a Rússia ocupa, apenas, 84% de suas vagas carcerárias, o Japão 85%, a Alemanha 88%, o Brasil exibe a ominosa taxa de 166% de ocupação, registrando a África do Sul 134%, a Índia 129%, a Argentina 113% e os Estados Unidos 110%, dos quais 6% são estrangeiros e 9% mulheres.

A taxa de ocupação carcerária da China é segredo de estado, enquanto países como o Benin e o Haiti têm obscenas taxas de ocupação na faixa dos 300%.

Quanta diferença do tempo em que, para botar criança para dormir, os pais ameaçavam chamar os temíveis lobisomens!

IMPUNIDADE E INSEGURANÇA

Do modo como vem grassando a violência no Brasil, o sentimento dominante é o da possibilidade iminente de que a tragédia bata às nossas portas, diminuindo aquela redentora sensação, até passado recente, de que certos males só ocorrem com os outros. Tanto que já não há nas grandes cidades brasileiras quem não tenha um familiar ou amigo alcançado pela mão da violência. De tal modo somos permeados por esse medo, que conta com fundamentos quase tangíveis, que os meios de comunicação priorizam os temas cruéis ou, no mínimo, escabrosos, por serem os que mais atraem o interesse da clientela. Conscientes desse neurótico condicionamento coletivo, os editores dos meios impressos, televisivos, radiofônicos ou de sites competem por oferecer tudo que represente ou mais se aproxime da bruteza absoluta, da máxima impiedade. Tanto que quando não têm o que oferecer, do gênero, são rotulados de desinteressantes.

É lugar comum o reconhecimento da impunidade como a maior causa imediata dessa galopante criminalidade, aparecendo o descumprimento do elementar dever de casa de ministrar à nossa juventude uma educação de boa qualidade, como a fonte geratriz da nossa inquietante intranquilidade, na contramão da prática e das conquistas dos povos mais avançados.

No Brasil, porém, a impunidade é tão acentuada e tão diversa que já pode ser atomizada ou anatomizada em suas múltiplas vertentes. Como se não bastasse a frouxidão de nossas leis penais, cominadoras de penas leves em comparação com outros países, sua aplicação pelo judiciário é, em média, processada de modo leniente. Todavia, é no cumprimento da lei por nosso falido sistema carcerário que se observam as maiores deficiências, como se verifica dos resultados desastrosos derivados do chamado sistema de aplicação progressiva da pena e dos indultos das grandes datas. Os crimes mais horripilantes têm sido praticados pelos usufrutuários desses direitos legais, sem mencionar o percentual cada vez maior dos encarcerados que não cumprem a palavra de retornar ao presídio.

É precisamente aqui que reside um foco causal absurdamente patológico da impunidade no Brasil: as pessoas envolvidas na avaliação dos condenados que aspiram à liberdade provisória ou vigiada tendem a conceder o benefício, ao arrepio da prescrição legal, por corrupção passiva de alguns ou temor de retaliação de tantos outros, como juízes, promotores e psicólogos.

Através dessa janela, escapa a derradeira possibilidade de segregação de marginais contumazes, estupradores, pedófilos, assaltantes à mão armada, psicopatas incuráveis e dos fraudadores do Erário, inclusive políticos de grande poder e riqueza ilicitamente amealhada, todos eles fazendo do crime sistemático ou organizado, acintoso meio regular de vida.

O mais desalentador é não haver, de parte da maioria da população, a consciência de que só através da eleição de políticos com alma de estadista é que seremos capazes de reverter esse panorama desalentador.

Mais do que nunca, convém advertir para a verdade do axioma que ensina que uma situação não pode ser tão má que não possa piorar ainda mais. A verdade insopitável é que do destino que dermos ao nosso voto dependerá o nosso futuro. Em outras palavras: cada povo tem o governo que merece.

A GLAMOURIZAÇÃO DO CRIME

Os crimes que envolvem dinheiro e poder costumam fascinar as pessoas de um modo que reflete a permanente luta do homem dividido entre os apelos do bem e do mal. A tal ponto que, com o passar do tempo, o bandido, de hoje, pode, amanhã, se converter em herói, num contorcionismo psicológico para aproximá-lo do marginal ideal, materializado na saga memorável de Robin Hood.

Alguns dos mais notórios criminosos do Brasil, inclusive políticos graduados, beneficiam-se dessa nefasta tendência humana, que ganha foros de extrema gravidade quando a grande mídia, ainda que em caráter subliminar, contribui para glamourizar sua ação marginal.

A concessão de espaços excessivos a esses malfeitores, com textos que falam em profusão de amantes, de sua exemplaridade paterna, fotos que favorecem os melhores ângulos, a ênfase na competência para corromper membros das três esferas de poder, de modo a se manterem no comando eficaz de sua rede criminosa, o temor que infundem a potenciais adversários, mesmo estando atrás das grades, a leniência de nosso sistema penal, a debilidade moral do aparelho presidiário, o acesso a regalias, tudo isso contribui para fazer desses megainfratores modelos desejáveis para ponderável contingente de nossa população, sobretudo a mais carente, prisioneira de invencíveis limitações, apesar da liberdade formal em que vivem os seus integrantes.

Segundo é voz corrente nos bastidores, cada prisão de segurança máxima recebe, como um prêmio, sua destinação para abrigar um ou mais desses meliantes de alto coturno, pela certeza de que tentações encherão o ambiente: casa pra uns, carro pra outros e tantas coisas mais. Presidindo tudo isso, ao largo, a certeza da proverbial impunidade reinante no país, numa combinação de suave legislação penal com um judiciário moroso e uma polícia, com honrosas exceções, que oscila entre o despreparo e a corrupção desenfreada.

O mais trágico de tudo é saber que fica cada vez mais difícil uma reforma em nosso sistema penal compatível com as demandas de efetivo combate à criminalidade, em face da crescente penetração do crime organizado nas diferentes esferas de poder, inclusive junto ao legislativo, cada vez mais integrado por parlamentares cujas campanhas são financiadas por organizações criminosas.

A baixa punibilidade no Brasil, acrescida de uma série de artifícios que reduzem as penas, torna o crime organizado um negócio rendoso e de baixo risco. Afinal de contas, se no Congresso Nacional brilha tanta gente que é processada e já foi, até, encarcerada por crimes contra o Erário, que importa algum tempo na prisão em troca de uma vida à tripa forra? Mais uma vez os direitos humanos serão utilizados como argumento para modificarmos as coisas radicalmente, desde que permaneçam exatamente como se encontram.

No momento em que o Congresso cogita de fazer mudanças em nossa legislação penal, seria de todo conveniente levar ao conhecimento da opinião pública alguns dados comparativos entre o tratamento que o Brasil e outros países dispensam ao crime e aos criminosos. A conclusão não poderá ser outra: enquanto não implantamos um sistema educacional capaz de formar cidadãos em massa, o jeito é fazer o que as nações mais desenvolvidas fazem: segregar do convívio social os incapazes de conviver educada, construtiva e fraternalmente.

O COMÉRCIO DAS DROGAS

No Brasil e no mundo, diante da evidência do fracasso do tradicional combate ao tráfico de drogas, fonte inexaurível de corrupção e violência, adensa-se a consciência da imperiosa necessidade da regulamentação do seu comércio. É verdade que o tema ainda é objeto de discussões acaloradas. Importa, logo, colocar o momentoso problema na pauta de todas as organizações sociais, de caráter público ou privado, nos lares e na academia.

Entre nós, a aberta, corajosa e lúcida militância do ex-presidente Fernando Henrique Cardoso em favor da regulamentação do comércio da maconha, com o aplauso de alguns dos mais importantes líderes mundiais, encontrará na férrea resistência dos traficantes o obstáculo maior para sua aprovação no Congresso Nacional. É que os representantes do tráfico, confortavelmente, surfarão na onda dos inocentes úteis – algumas igrejas à frente –, que veem no regular comércio de drogas o fim dos tempos, a consumação do anátema bíblico de Sodoma e Gomorra. Ledo engano que não resiste ao teste da racionalidade.

A maconha ocupa o 11º lugar na hierarquia de ofensa à saúde, abaixo, dentre outras drogas, da cocaína, da heroína e do craque. A regulamentação do seu comércio reduziria, imediata e drasticamente, a demanda daqueles estupefacientes mais pesados, abalando as finanças do tráfico e, naturalmente, o poder de atrair para o crime pessoas despreparadas para o mercado de trabalho, por deficiência de conhecimento, derivada do péssimo sistema educacional brasileiro. Por outro lado, uma parcela dos recursos destinados a manter a onerosa e inoperante estrutura de combate ao tráfico seria utilizada em campanhas educacionais e de conscientização, como vem sendo feito, com sucesso, relativamente ao consumo de bebidas alcoólicas e, sobretudo, de tabaco, que cai em toda parte, de modo expressivo. Se, por hipótese, em lugar do esclarecimento, optássemos pela repressão ao fumo, o resultado seria desastroso, em todos os sentidos.

Uma vez comprovado o êxito com a maconha, a regulamentação avançaria para abranger outras drogas, até a efetiva extinção dessa praga, cuja proibição só serve para corromper agentes do poder público, das três esferas, enquanto incita ao crime e atrai para o vício ponderável parcela de nossa juventude, comprometendo seu futuro, em todas as classes sociais. Contrariamente ao que se propala, a regulamentação do consumo de droga na Holanda está produzindo bons resultados. O que levou à equivocada percepção do seu fracasso foi a ostensiva visibilidade de drogados reunidos para a macabra festa do consumo coletivo, inicialmente, em certas ruas das cidades holandesas, e agora no Brasil, o que facilita o trabalho de assistência médica aos dependentes.

Apenas para que se tenha uma ideia do poder de corrupção do tráfico, basta dizer que o preço de mercado da cocaína pode subir cinco mil vezes, em sua trajetória entre a colheita da planta, *in natura*, até sua distribuição nas grandes cidades do mundo. Por aí se vê a montanha de dinheiro disponível para destruir o tecido moral das sociedades organizadas, levando de roldão parlamentares, magistrados e membros do poder executivo, como é farta de exemplos a experiência recente do Brasil.

É claro que o grande dique de contenção desse flagelo social é a educação, em suas vertentes moral e intelectual, área em que nos encontramos muito mal, a ponto de figurarmos, nesse requisito, abaixo das 50 nações mais avançadas.

A proposta de Fernando Henrique nos parece tão significativa que disputará em importância, perante a posteridade, com a vitória que conquistou, quando presidente, ao debelar a aparentemente invencível inflação brasileira.

EDUCAÇÃO, CRIMINALIDADE E AS FORÇAS ARMADAS

Quando as autoridades brasileiras cederam à óbvia necessidade de envolver as Forças Armadas no combate ao crime organizado, no Rio de Janeiro, as conquistas pacificadoras ficaram evidentes.

Retardou a promissora iniciativa o entendimento burocrático de que a missão constitucional das Forças Armadas é o de velar pela segurança nacional, ficando a criminalidade interna a cargo das polícias estaduais. É lamentável que tenhamos demorado tanto para perceber que o avanço da impunidade do crime no Brasil, passou a constituir risco efetivo à segurança nacional, na medida em que as estatísticas apontam para um ambiente de guerra civil, a partir do vertiginoso aumento das taxas de mortes violentas por 100 mil habitantes. A vizinha Colômbia, com o flagelo das Farcs, nunca alcançou os alarmantes níveis de violência que inquietam a população brasileira e estigmatizam o nosso país aos olhos do mundo.

Nada se fez de mais positivo em favor do despertar de uma consciência nova no combate ao crime, do que o filme *Tropa de elite*, protagonizado pelo ator baiano Wagner Moura, que colocou o dedo na ferida, apontando o descarado envolvimento de personalidades dos três poderes no patrocínio do crime nas favelas do Rio de Janeiro.

É de causar estupefação o caráter absolutamente secundário, incidental mesmo, do papel atribuído à educação, no conjunto das providências saneadoras apontadas, para consolidar e ampliar o processo de genuína incorporação das favelas, ocupadas pelas UPPs, a uma convivência urbana saudável. Sem que à juventude dessas áreas, profissionalmente desqualificada, sejam oferecidos meios de auferirem rendas para o exercício de uma vida materialmente digna, o crime apenas mudará de tipologia ou de lugar, figurando a delinquência, sobretudo, como uma estratégia individual desesperada de sobrevivência.

Paralelamente à dotação dessas áreas marginais de um conjunto de equipamentos urbanos imprescindíveis, nos moldes dos anunciados, impõe-se a implementação de um vigoroso programa educacional, de curto, médio e longo prazo, voltado para todas as faixas etárias da população. Para as crianças, escola em regime de tempo integral, no modelo das escolas-parques, propostas pelo educador Anísio Teixeira, que nenhum governador brasileiro aproveitou tão bem quanto Leonel Brizola. Para os jovens, ainda em idade escolar, escolas profissionalizantes, da melhor qualidade, sintonizadas com as demandas de mão de obra dos setores produtivos. Para a população adulta, permanentes cursos de treinamento nos misteres que já praticam ou em outros de sua livre escolha. Além da paz social, cujo valor é pecuniariamente inapreciável, os benefícios materiais se manifestarão sob a forma do aumento da arrecadação oriunda de gente cada vez mais produtiva. Os custos incorridos para o cumprimento dessa agenda moral e socialmente saneadora são, na realidade, muito inferiores aos requeridos para a manutenção do inquietante estado de vigília vã, reinante nas principais cidades do país.

OS MAUS EXEMPLOS

As estatísticas apontam para um aumento expressivo do número de jovens atraídos para o tráfico, inspirados na corrupção generalizada, a começar pelos mais altos escalões da República, e na crença de que a punição varia entre pequena e nenhuma. Daí para assaltar, matar e enfrentar o aparelho policial à bala, é um passo previsível. Em lugar de obreiros da construção de um país próspero e feliz, convertem-se em facínoras e chefes de quadrilha, capazes dos crimes mais hediondos. Um desses notórios marginais chegou a blasonar que sua organização criminosa era até mais poderosa do que o próprio Estado, em face da proteção recebida de gente grande. Como prova de que acreditava no que dizia, todos viram a matança de policiais e de civis que se verificou em São Paulo, em 2012.

# CORRUPÇÃO

Em matéria de corrupção, o Brasil virou a casa da mãe joana, com um grupo que compra e outro que vende a honra, e o contribuinte no meio pagando a conta. Tanto que, a cada mês, a arrecadação tributária no país bate novos recordes. Não obstante sua evidência solar, a parcela da corrupção praticada no Brasil, que vem a lume, não é mais que a ponta do *iceberg*.

Corrupção e impunidade formam uma dupla que oscila entre irmãos siameses e xifópagos. Diariamente, somos bombardeados por uma sucessão de denúncias, envolvendo desvios de conduta de servidores públicos de todas as esferas. O excesso de pessoal no serviço público, justificado como medida de largo alcance social, para evitar o desemprego, constitui prática de intolerável corrupção, na medida em que não obedece a critérios meritocráticos, como manda a lei, regularmente desobedecida.

A Revista *Veja* apresentou, em edição de 2013, constrangedor libelo acusatório contra o Governo Federal, em suas práticas de compras, numa demonstração grandiloquente das nefastas consequências da associação entre a péssima educação pública brasileira e a mais desabrida impunidade reinante no país. A indiferença da população diante do saque permanente do Erário, alimentado com o seu trabalho, semelha à do rebanho bovino levado ao matadouro. Em ambos os casos, predomina a incapacidade de reagir aos seus exploradores. A acintosa impunidade ao crime, de todos os matizes, faz o resto.

A verdade é que, segundo *Veja*, o Tribunal de Contas da União – TCU – encontrou nada menos que 80 mil (isso mesmo, 80 mil) irregularidades em 142 mil contratos de compra auditados, correspondendo ao elevado percentual de 56,5%. As irregularidades tipificam os mais diferentes crimes contra a bolsa popular, tais como:

1 – Utilização de "laranjas" ou terceiros, para receber, em nome de figurões da República, recursos ilegítimos, por conta de serviços e/ou produtos não realizados ou entregues. Em alguns casos, o laranja nem sequer sabe do jogo de que participa; em outros, os beneficiários da tramoia resolvem se apropriar das benesses ilegítimas, para apoplética iracúndia do quadrilheiro chefe;
2 – Empresas vencedoras de concorrências, de propriedade de parlamentares, o que não é permitido por lei;
3 – Em pelo menos 16.547 casos, participaram de concorrências empresas com diferentes nomes, mas dos mesmos proprietários, simplesmente para fazer o jogo de cena da competitividade aparente;
4 – Uma única empresa venceu 12.370 licitações, mas jamais assinou um contrato, cedendo o lugar para a concorrente

com preço mais alto. Uma façanha digna de figurar no *Guinnes*, o livro dos recordes;

5 – 9.430 empresas receberam acima do valor previsto em contrato, sendo que a recordista recebeu 294 vezes mais do que o valor contratado;

6 – 1.470 contratos foram firmados, ao arrepio da lei, com empresas declaradas inidôneas. Uma delas condenada por improbidade administrativa;

7 – Em 733 contratos, as empresas tinham como sócios servidores do próprio órgão contratante, alguns, até, integrantes das comissões de licitação;

8 – A preferência que a lei confere às pequenas empresas, em caso de empate, foi flagrantemente utilizada de modo abusivo para elevar preços.

A denúncia colocou o governo Dilma na posição de continuar cortando na própria carne, como fez na deposição de ministros e demissão de vários funcionários graduados, para não se ver contaminada pela leniente tolerância do seu antecessor, que, pelo visto, e como circula no âmbito do próprio governo, deixou-lhe uma base de sustentação política dominada por fisiologismo sem precedentes em nossa história. Contribuindo de modo decisivo para este quadro, moralmente patológico, está a fundação de partidos sem qualquer representatividade eleitoral ou ideológica.

O grande desafio que se impõe à nação, para superar este momento infeliz, reside na coragem política para efetuar a reforma partidária indispensável para alcançarmos a melhoria de nossas práticas públicas, viciadas pelo fatiamento do patrimônio comum, em nome de uma governabilidade malsã.

Organismos internacionais avaliam que a corrupção reinante afeta significativamente o bem-estar dos brasileiros, na medida em que compromete investimentos na saúde, previdência, educação, infraestrutura, segurança, habitação, contribuindo para aumentar a exclusão e desigualdade sociais, além de afrontar os valores mais caros da República, cláusulas pétreas de nossa Constituição. A prática da corrupção se efetiva pelo desvio de recursos orçamentários das três esferas de poder: federal, estadual e municipal. Vício antigo, herdado do colonizador ibérico que misturava o patrimônio pessoal com o público, como nos ensina o advogado e sociólogo, Raymundo Faoro, em seu conhecido livro *Os donos do poder*. Quando se supunha que o *impeachment* do presidente Collor, em 1992, poria um basta à corrupção, ocorreu exatamente o contrário com o crescimento vertiginoso desse "cupim da República", nas palavras candentes de Ulysses Guimarães. De tal modo cresceu a corrupção, que o aumento das denúncias, a partir de 1993, abalou, como nunca, o prestígio das instituições perante a opinião pública nacional, culminando com a CPI do orçamento, presidida pelo senador Jarbas Passarinho e relatada pelo deputado Roberto Magalhães.

A nação ficou estarrecida ao saber que integrantes da Comissão de Orçamento desviaram cerca de 100 milhões de dólares. A CPI apurou, ainda, o desvio de recursos previdenciários, com a participação de advogados, juízes, médicos e policiais que enriqueceram com polpudas propinas. Recursos destinados a obras públicas, como hidrelétricas, estradas e açudes, foram desviados para o bolso de ladrões do Erário. O SUS serviu para facilitar fraudes milionárias, a partir, inclusive, de transplantes feitos em pessoas de há muito mortas, e abortos em homens. A subtração criminosa de bilhões de dólares da poupança popular impediu a construção de centenas de milhares de casas para as populações de baixa renda. Treze milhões de toneladas de grãos desapareceram entre o desperdício e o roubo.

As punições resultantes foram muito pequenas, comparativamente à montanha de fraudes apuradas.

O relatório anual do Banco Mundial, de 1996, registrou uma curva ascendente no aumento do combate à corrupção no Brasil. A partir de 2003, porém, essa tendência sofreu oscilações de crescimento e redução, tendo atingido o nível mais baixo em 2006, com índice de 47,1, numa escala de 0 a 100, quando países como Chile, Costa Rica e Uruguai alcançaram o índice de 89,8, praticamente o dobro do nosso. Que vergonha! Não estranha que um estudo da Fiesp tenha concluído que o valor surrupiado ao Erário, no Brasil, possa representar 2,3% do PIB nacional.

Como fator altamente estimulante da corrupção, temos uma leniente legislação penal, associada à inoperância de nosso sistema judiciário, atuando em conjunto para não condenar ou mandar soltar os que vivem de delinquir. De tal modo que a AMB (Associação dos Magistrados do Brasil) revelou que nos 18 anos compreendidos entre 1988 e 2007 nenhum agente político foi condenado pelo Supremo Tribunal Federal. No mesmo interstício, apenas cinco autoridades foram condenadas pelo Superior Tribunal de Justiça. O panorama de impunidade seria ainda mais grave se a sociedade civil não estivesse atenta, agindo através de instituições privadas como a Transparência Brasil.

Uma lista de escândalos famosos, a partir de 1970, inclui:

1. Caso Luftala
2. Escândalo da Mandioca
3. Escândalo da Proconsult
4. Caso Chiarelli
5. Caso Jorgina de Freitas
6. Caso Edmundo Pinto
7. Caso Eliseu Resende
8. Caso Queiroz Galvão
9. Caso Ney Maranhão
10. CPI do Detran de Santa Catarina
11. Escândalo dos Anões do Orçamento
12. Escândalo do Sivam
13. Escândalo do Banestado
14. Escândalo da Encol
15. Escândalo da Mesbla
16. Dossiê Cayman
17. Caso Banco Nacional de Minas
18. Caso Banco Noroeste
19. Bancos Marka e Fonte Cindam
20. Escândalo Sudam, Sudene
21. Caso Luís Estêvão
22. Caso Toninho do PT
23. Caso Celso Daniel
24. Operação Anaconda
25. Escândalo do Propinoduto
26. Escândalo dos Bingos ou caso Waldomiro Diniz
27. Caso Kroll
28. Escândalo dos Correios ou caso Maurício Marinho

29. Escândalo do IRB
30. Escândalo do Mensalão
31. O Mensalão Mineiro
32. Escândalo do Banco Santos
33. Escândalo dos Fundos de Pensão
34. Escândalo do Mensalinho
35. Escândalo da Quebra do Sigilo Bancário do Caseiro Francenildo
36. Escândalo das Sanguessugas ou das Ambulâncias
37. Operação Confraria
38. Operação Dominó
39. Operação Saúva
40. Escândalo do Dossiê
41. Escândalo da Igreja Renascer em Cristo
42. Operação Hurricane ou Furacão
43. Operação Navalha
44. Operação Moeda Verde
45. O Renangate
46. Caso Joaquim Roriz
47. O escândalo dos cartões corporativos
48. O caso Bancoop
49. O caso do desvio de verbas do BNDES
50. A Máfia das CNHs
51. O caso Álvaro Lins, no Rio de Janeiro
52. Operação Satiagraha
53. O escândalo das passagens aéreas
54. O escândalo dos atos secretos
55. Caso Gamecorp
56. CPI das ONGs
57. Operação Faktor

Quem quiser conhecer detalhes de cada um desses casos e muitos outros, basta consultar os bancos de dados disponibilizados na internet.

O presidente do Supremo, Joaquim Barbosa, reconheceu que parcela ponderável dos membros do judiciário não tem a necessária isenção para julgar crimes de corrupção em razão de vinculações espúrias com corrompidos e corruptores. Pensa ele que enquanto não existirem mecanismos que libertem o juiz da dependência "de sair por aí, com um pires na mão, para conseguir promoção", sua independência estará comprometida, apesar de dispormos de legislação punitiva razoável que deixa de ser aplicada. "Só não aplica a lei o juiz medroso, comprometido ou politicamente engajado em alguma causa que o impeça de dedicar-se, moralmente, à sua missão. Desconfie de juiz que vive travando relações políticas aqui e ali", disse Barbosa.

A verdade que salta aos olhos é que enquanto não formos capazes de colocar os interesses das próximas gerações acima das conveniências das próximas eleições, não será possível a construção de uma nação apoiada em sólidos fundamentos.

# INFRAESTRUTURA

A INFRAESTRUTURA É O CONJUNTO DAS ATIVIDADES E DOS meios de produção da economia de um povo, dividindo-se em física e social. Toda a estrutura material, como rodovias, ferrovias, aquavias, portos, aeroportos, silos, produção energética, sistema de comunicações, serviços de água e saneamento etc., compõe a infraestrutura física. A infraestrutura social é composta dos serviços de educação, saúde, segurança, justiça, legislativo etc.

A capacidade de competir da economia de um povo deriva, diretamente, de sua infraestrutura.

Até o advento da Constituição de 1988, quase toda a infraestrutura brasileira esteve a cargo do setor público, crescendo, desde então, a participação do setor privado, com a presença crescente de capitais nacionais e estrangeiros, através do mecanismo das concessões. O retardamento da aceitação de parcerias com o setor privado respondeu, de modo expressivo, pela redução do crescimento do Brasil, patrulhado pelo discurso xenofóbico das esquerdas.

Já não era sem tempo. Erguido ao sétimo posto entre as grandes potências econômicas do globo, e a maior da América Latina, o Brasil é o segundo maior exportador de produtos agropecuários; um dos maiores produtores de petróleo, minerais e de automóveis. Se não fosse por suas marcantes deficiências em infraestrutura, o Brasil teria avançado com pujança ainda maior, e com menos desigualdades internas – regionais e interpessoais.

Como já cuidamos, nos capítulos precedentes, das gritantes deficiências nas áreas de educação, saúde, segurança e judiciário, falemos, um pouco, de nosso sistema de comunicação, campo em que o Brasil, não obstante a existência de alguns desvios a corrigir, sendo a excessiva concentração o principal deles, apresenta-se bem dotado. Com 1.555 estações de rádio AM, 2.640 FM, 270 estações de televisão que chegam aos lares através de 5.710 repetidoras, mais de 95% das residências brasileiras têm acesso aos meios televisivos. Em fins de 2013, havia 280 milhões de celulares ativos no país, representando a incrível marca de 1,4 aparelho *per capita*. Um recorde! O acesso à internet se expande rapidamente, já ultrapassando metade dos lares nacionais, com a média de um computador para cada duas pessoas.

Nosso calcanhar de aquiles está na infraestrutura física: rodovias, ferrovias, hidrovias, aeroportos, portos, silagem, disponibilidade energética e saneamento básico.

Com Getúlio Vargas e Juscelino Kubitschek, o Brasil despertou para a necessidade de implantar uma rede de transporte que interligasse todo o país. Como o automóvel simbolizava, ainda mais do que hoje, o avanço e a modernidade, o Brasil deu ênfase ao transporte rodoviário, subestimando nossas enormes possibilidades aquaviárias, notadamente a marítima, já que mais da metade da população e da produção econômica brasileiras se encontravam, como ainda se encontram, ao longo da costa. O poderoso *lobby* da indústria automobilística, integrado, inicialmente, pela Wolkswagen, Ford e General Motors, priorizou a implantação de estradas de rodagem – dispomos, hoje, de cerca de 1.350.000 km de rodovias –, ficando o transporte marítimo ignorado, situação agravada por uma política sindical que fez dos portos feudo de domínio exclusivo dos trabalhadores portuários, onerando seus serviços e comprometendo sua operosidade. A essas montadoras pioneiras vieram se juntar marcas famosas, como Fiat, Peugeot, Renault, Mercedes, Chrysler, Citroën, Hyundai, Honda e Toyota, colocando a indústria automobilística brasileira no 7º lugar.

Além do de Santos, o maior, temos mais 36 portos de expressão.

As dimensões continentais do Brasil impuseram a construção da segunda maior rede aeroportuária do mundo, abaixo, apenas, numericamente, dos Estados Unidos. Entre grandes, médios e pequenos, dispomos de pouco mais de 2.500 aeroportos, sendo mais de 30 internacionais. Com o acelerado aumento do transporte aéreo, os mais movimentados aeroportos congestionaram-se, tornando os voos uma permanente fonte de estresse.

O transporte ferroviário, desde sempre subestimado, começa a ser objeto de muita atenção, a exemplo do propalado trem-bala, ligando São Paulo ao Rio de Janeiro. A superação dos complexos xenofóbicos, liderados histórica e alternadamente por um nacionalismo, que teve o seu momento, e um esquerdismo demagógico e populista, consolidou-se com o mais intenso programa de privatização conhecido no Brasil, lançado pela presidente Dilma, ainda que sob o pouco convincente eufemismo de parceria público-privada, para acalmar os ânimos infantis de uma esquerda caviar, como ressaltou em manchete o conhecido hebdomadário inglês *The Economist*, na sequência dos leilões de privatização dos principais aeroportos brasileiros. O resultado foram investimentos privados na infraestrutura, nacionais e estrangeiros, da ordem de 200 bilhões de dólares, entre 2010 e 2014.

# PLURIPARTIDARISMO

Nas sociedades democráticas, as diferentes correntes de pensamento têm nos partidos políticos seu canal de expressão. Todavia, muitos governos democráticos restringem a organização partidária de correntes ideológicas consideradas ameaçadoras das cláusulas pétreas em que se fundam os sistemas políticos dominantes. Os partidos comunistas, fascistas e monarquistas lideram a relação dos proscritos.

Pluripartidarismo ou sistema pluripartidário, também conhecido como multipartidário, é o sistema político em que três ou mais partidos, conjunta ou isoladamente, podem chegar ao poder. Esclareça-se, porém, que pluripartidarismo não é sinônimo de pluralismo político, já que pode haver um sem o outro, embora nas verdadeiras democracias a presença simultânea dos dois constitua a regra. O importante para a democracia é que todas as correntes de pensamento disponham de meios de expressão, dos quais o partido político é o mais valioso.

Embora cumpram a mais elevada função de conteúdo público, os partidos políticos são pessoas jurídicas de direito privado, sujeitas a um conjunto de regras de caráter público, como a exigência de serem entidades nacionais, vedados os regionalismos que conduzem ao suicídio da secessão, ou sectarismos patrocinadores de preconceitos, de sentido religioso, racial, etário, sexual ou ideológico, capazes de desestabilizar a paz social. A democracia é incompatível com a possibilidade de qualquer setor da sociedade perpetuar-se no poder. Enquanto o pluralismo político, essencialmente democrático, é orientado pela mentalidade de abundância, por acreditar que no meio social há espaço para a diversidade de condutas e opiniões, o mandonismo autoritário ou ditatorial se orienta por uma mentalidade de escassez, do que resulta a supressão da diversidade que é própria da natureza humana.

O pluralismo político, portanto, ao ensejar a convivência dos mais diferentes modos de encarar a vida, representa a maior garantia dos direitos das minorias e dos cidadãos. Mais ainda: onde impera o pluralismo político, os indivíduos podem partilhar, simultânea ou sucessivamente, das aspirações de dois ou mais núcleos de interesse, flexibilidade muito maior do que o conceito de classe social, onde a migração de baixo para cima é sinônimo de triunfo, enquanto a mudança para baixo significa fracasso, não sendo possível que alguém pertença simultaneamente a diferentes classes sociais. Essa flexibilidade, porém, sofre restrições no âmbito da disciplina partidária, campo em que milita parcela relativamente pequena das populações.

O PLURIPARTIDARISMO NO BRASIL

Com as exceções impostas pelos vários governos autoritários que dominaram a cena política brasileira, o pluripartidarismo tem sido da essência do nosso regime republicano. Na história recente do Brasil, o pluripartidarismo voltou a vigorar no início da década de 1980, nos estertores da ditadura militar, iniciada em 1964, que o proscreveu, sendo substituído pelo bipartidarismo, em 1965, através do Ato Institucional nº 2, ou AI-2. A Arena – Aliança Renovadora Nacional – apoiava o governo militar, cabendo ao MDB – Movimento Democrático Brasileiro – abrigar a oposição. A regra dominante era: para o partido do governo e a oposição bem comportada, tudo. Para os verdadeiros opositores do regime militar, nada. Com o AI-5, que vigorou de 1968 a 1979, a ditadura perdeu qualquer laivo de pudor democrático e se impôs com força bruta aos seus adversários, cassando-os, prendendo-os, eliminando-os.

Para o fim da ditadura que ocorreria em 1985, concorreram os seguintes fatores:

1. A população estava cansada do governo militar e da falta de liberdade política;
2. A longa permanência dos militares no poder estava corroendo o prestígio das Forças Armadas junto à opinião pública;
3. A esquerda radical estava desarticulada, sem condições de organizar a contrarrevolução;
4. A economia perdia vigor, distanciando-se, cada vez mais, do "milagre brasileiro", quando cresceu a taxas médias de 10% ao ano, entre 1967 e 1973, quando a "crise do petróleo" se desdobrou até o fim da ditadura, atingindo em cheio os militares de baixo escalão, insatisfeitos com os efeitos da inflação, arrocho salarial, pobreza e miséria de altos contingentes populacionais.

Esse panorama levou o governo Geisel a conceber e anunciar um programa de retorno à normalidade democrática que fosse "lento, gradual e seguro", a ser consumado ao longo do governo Figueiredo, seu sucessor. Sem o risco de uma guinada à esquerda, a satisfação popular seria reconquistada com a gradual restauração democrática, mediante a libertação e anistia dos presos políticos; a desmobilização dos aparelhos repressores da liberdade; fim da censura aos meios de comunicação; fim da intervenção nos sindicatos e nas diferentes organizações sociais, como as estudantis e religiosas; realização regular das eleições; devolução do poder à sociedade civil e criação de novos partidos políticos.

Uma análise fria do quadro político leva à crença de que o mecanismo de restauração democrática proposto por Geisel revelou-se o mais eficaz e avançado possível, dadas as circunstâncias do momento político que atravessávamos. Se quisesse acelerar o passo das mudanças, correríamos um grande risco de retrocesso, promovido pelas facções mais radicais da denominada "Revolução de 64". O assassinato, nas dependências do DOI-Codi de São Paulo, do jornalista Vladimir Herzog, em outubro de 1975, fato que acarretou a demissão do comandante do 2º Exército, general Ednardo D'Ávila Mello, e do operário Manoel Fiel Filho, em janeiro de 1976, fortaleceram a posição revisionista de Geisel. Tanto que, em 1978, a União foi condenada a indenizar a família do jornalista, o que não teria sido possível se o governo central se opusesse com determinação.

O processo de restautação democrática, porém, não seguiu uma linha reta. Houve recuos e avanços. Ao ver derrotada, pelo Congresso Nacional, em 1977, sua proposta de reforma

do Poder Legislativo, o governo fechou o Congresso e fez as reformas por decreto, no episódio que ficou conhecido como Pacote de Abril, quando se adotaram as seguintes medidas:
1. Criação do senador biônico, eleito pelo voto dos convencionais, e não por eleição popular. Na prática, este terceiro senador era nomeado pelo Governo Federal;
2. O mandato presidencial subsequente passaria de cinco para seis anos;
3. Manutenção das eleições indiretas para os governos estaduais, em 1978;
4. Eleições populares para todos os cargos eletivos, previstas para 1982, à exceção da presidência da República. A validade do voto, porém, estava condicionada à escolha de candidatos do mesmo partido. A medida se destinava a favorecer o partido governista, presente em todos os municípios do país. Este mecanismo recebeu a denominação popular de voto vinculado.

Graças à prudência de Geisel, os obstáculos levantados contra a restauração democrática foram ultrapassados. A movimentação da linha dura para fazer do general Sylvio Couto Coelho da Frota, ministro da Guerra, o sucessor de Geisel, punha em risco a proposta de abertura política, por isso Geisel o demitiu. Fez mais: antecipou-se a uma manobra do general/ministro demitido, convocando para uma reunião de emergência todos os comandantes militares, alvos da tentativa de aliciamento do ex-ministro.

O escolhido para suceder Geisel foi o general João Batista de Figueiredo, ex-chefe do Serviço Nacional de Informaões (SNI), que governaria entre 15 de março de 1979 e 15 de março de 1985, quando foi sucedido por José Sarney.

Já em 1º de janeiro de 1979, o AI-5 chegara ao fim, a partir de quando a sociedade passou a se mobilizar com crescente desenvoltura. Livres da intervenção estatal, os sindicatos e os estudantes se reorganizaram, enquanto a linha dura morria.

No bojo dessa distensão, o movimento em favor da anistia ganhou força, clamando pela liberdade dos presos políticos e retorno dos exilados. Em agosto de 1979, ainda no primeiro ano de governo de João Figueiredo, a Lei da Anistia foi promulgada, constando de mão dupla: também os agentes a serviço da repressão seriam anistiados. Glosando o momentoso episódio, João Bosco e Aldir Blanc compuseram a canção "O bêbado e o equilibrista", interpretada por Elis Regina.

Numa prova inquestionável da perda de sustentação popular do regime autoritário, o MDB, partido político que reunia uma ampla frente ideológica que ia da extrema esquerda aos conservadores democratas, vinha crescendo de eleição para eleição, apesar de todos os entraves postos para inviabilizar seu avanço. O governo temia que a supremacia do partido de Ulysses Guimarães se impusesse de modo arrasador nas futuras eleições, marcadas para 1982, habilitando-se, portanto, a derrotá-lo no colégio eleitoral que elegeria o presidente da República, nas eleições de 1985.

Foi aí que entrou em cena o estrategista do governo, o general Golbery do Couto e Silva, chefe da Casa Civil da Presidência da República, que convenceu o governo a optar pelo menor dos males: a criação do pluripartidarismo, o que veio a ocorrer através da Lei Federal nº 6.767, de 20 de dezembro de 1979.

Em lugar da Arena, surgiu o PDS – Partido Democrático Social –, enquanto o MDB era substituído pelo PMDB –

Partido do Movimento Democrático Brasileiro –, consoante lei recente que exigia a palavra "partido" à frente de todas as siglas partidárias. Na sequência, vieram o PTB, reunindo antigas lideranças associadas ao trabalhismo de Vargas e João Goulart, o PT, criado por lideranças sindicais da região do ABC paulista, o PDT, nascido de uma dissidência do PTB, tendo à frente Leonel Brizola, e o PP, liderado pelo governador do Rio, Chagas Freitas, e pelo então senador mineiro Tancredo Neves. A criação do PT foi estimulada por Golbery, que via em Lula uma liderança capaz de afastar os operários da sedução dos partidos comunistas.

Na prática, alguns desses partidos apoiavam o governo, compondo os demais o fragmentado espectro oposicionista, como desejava o estrategista Golbery.

Ao perceberem que o governo seria derrotado nas eleições gerais de 1982, membros da linha dura conceberam atentados à ordem pública, como meio de inviabilizar o processo de democratização em curso. O fracasso do atentado do Riocentro, em 1981, abortou a malsinada reação dos ultraconservadores, que passaram a ocupar postos de menor importância na estrutura do governo.

Nas eleições de 15 de novembro de 1982, o PDS elegeu os governadores de 12 estados, sendo a maioria no Nordeste, graças ao mecanismo da vinculação de votos, isto é: o eleitor só podia votar em candidatos do mesmo partido: vereador, prefeito, deputado estadual, federal, senador e governador. O PMDB venceu em dez estados, incluídos alguns dos mais importantes da Federação, como Paraná, Minas e São Paulo, vencendo o PDT de Brizola, no Rio de Janeiro. Apesar de todas as manobras casuísticas do governo, ficou evidente a preferência pela oposição da maioria do povo brasileiro. Com minoria no Senado, mas com maioria na Câmara, as oposições sentiram-se fortalecidas para cobrar a aceleração do avanço democrático.

O PLURIPARTIDARISMO HOJE

O mandato eletivo no Brasil, como nas democracias dignas deste nome, pertence ao partido político, fato que impõe limites a serem observados pelos eleitos, que devem respeitar os estatutos partidários, agindo com a necessária fidelidade aos seus postulados.

Do monitoramento interativo dos diferentes grupos sociais que detêm alguma parcela de poder resulta um equilíbrio que é o caldo de cultura das democracias longevas das quais a norte-americana é exemplar por excelência.

A Constituição de 1988, no inciso V do seu artigo 1º, adotou o pluralismo político como cláusula pétrea. Vários outros dispositivos constitucionais consagram o princípio, a exemplo da liberdade de pensamento, assegurada no inciso IV do artigo 5º; a liberdade de associação profissional ou sindical, consagrada no artigo 8º; a liberdade de criação, fusão, incorporação e extinção de partidos políticos, presente no artigo 17; a proporcionalidade na composição da Câmara dos Deputados, artigo 45; o pluralismo de ideias e concepções pedagógicas, inciso III do artigo 206, e outros.

O direito dos grupos de pressão de defender os mais diferentes corpos de ideias, respeitados a soberania nacional e os direitos humanos, é a prova teórica da segurança que nossa Constituição dá ao pluralismo político, preconizando, ainda, em seu artigo 3º, a formação de uma sociedade livre, justa e solidária, capaz de promover o desenvolvimento nacional e erradicar a pobreza.

Desgraçadamente, nossos maus costumes políticos vêm conspurcando as melhores intenções constitucionais, mediante a proliferação de partidos políticos que são, na prática, verdadeiros desaguadouros da pior bandidagem em que o vereador se sente legitimado para achacar o prefeito, o deputado estadual o governador, e os deputados e senadores o Poder Executivo central e todos os níveis inferiores. Em lugar de partidos que representem correntes de pensamento, surgiram verdadeiras quadrilhas chefiadas por políticos profissionais que fazem do mandato um instrumento de enriquecimento pessoal, disso resultando que os partidos políticos e seus titulares, membros dos poderes executivos e legislativos, nunca caíram tanto no apreço da opinião pública. Políticos e partidos, com as exceções que confirmam a regra, atuam sem o menor compromisso, além do atendimento de interesses circunstanciais de uns e de outros.

Sem cláusulas de barreira – um conjunto de exigências mínimas destinadas a assegurar efetiva representatividade aos partidos políticos –, o malsão pluripartidarismo praticado no Brasil continuará a ser instrumento de corrupção que faz do peculato um mecanismo de degradação da nossa vida política e partidária. A exigência de sufrágios que representem um mínimo de 5% do colégio eleitoral do país, distribuídos em, pelo menos, um terço das unidades federadas, seria suficiente para restaurar a seriedade perdida. Os eleitos por partidos que não obtivessem o mínimo legal poderiam migrar para outras agremiações. A existência de 32 partidos, além de outros em formação, a maioria esmagadora sem projetos e sem ideias, no momento em que escrevemos estas linhas, desmoraliza a atividade política brasileira. A adoção do voto distrital misto, em que metade da representação parlamentar seria escolhida pelo sistema majoritário e metade pelo atual modelo proporcional, já representaria um avanço moralizador.

O presidente do STF, Joaquim Barbosa, declarou a respeito do excesso de partidos no Brasil:

> Isso é péssimo, isso não é bom para a estabilidade do sistema político brasileiro. Nenhum sistema político funciona bem com 10, 12, 15, muito menos com 30 partidos. É necessário algo que existe em outros países, que é a cláusula de barreira. Este é o caminho, o da representatividade, em que só sobrevivem aqueles partidos que continuam a ter representatividade no Congresso.

Pesquisas revelam que mais de 80% da população brasileira acha que nossos partidos políticos oscilam entre "corruptos e extremamente corruptos", acima dos 65% da média mundial que pensa o mesmo dos seus partidos nacionais. Enquanto para 72% dos brasileiros o Congresso Nacional é corrupto, a percepção média mundial é de 57% de suas respectivas casas legislativas. Do mesmo modo, 70% dos brasileiros pensam que há corrupção no setor público, contra 50% da percepção mundial. Isso, antes do escândalo da Petrobras.

CONCLUSÕES

1. Sem educação de qualidade, o Brasil continuará sendo um país profunda e injustamente desigual. Não avançaremos enquanto os chefes do Executivo dos três níveis, seus res-

pectivos ministros e secretários forem pessoas que têm, apenas, uma ideia vaga da importância da educação como a grande alavanca do desenvolvimento dos povos, das organizações e das pessoas;
2. Se dermos ao povo brasileiro acesso a um programa de saúde de qualidade semelhante à já acessível aos nossos rebanhos pecuários, a população brasileira viverá mais e melhor, elevando substancialmente sua produtividade, para o bem coletivo e individual;
3. A melhoria da segurança, que depende, essencialmente, da educação, que inclui conhecimento e valores a serem conquistados no médio e longo prazo, precisa ser encarada, na fase crítica que atravessamos, com mais responsabilidade e inteligência do que as até agora praticadas;
4. É imperativa a adoção de tolerância zero no combate à corrupção;
5. Do modo como existe no Brasil, a impunidade está fazendo do crime uma atividade que compensa;
6. Com a infraestrutura que temos, o Brasil perderá competitividade;
7. Com o permissivo sistema partidário existente, não melhoraremos a qualidade de nossa representação política.

# REFERÊNCIAS BIBLIOGRÁFICAS

Ana P. Rescia e outros, *Dez anos de LDB*;
Afonso Nascimento (Organizador), *Educação – Enfoques, problemas e experiências;*
Anísio Teixeira, *Educação Brasileira;*
Antônio Gomes Moreira Maués. *Poder e Democracia: O pluralismo político na Constituição Federal de 1988.* Síntese Ltda;
Carlos da Fonseca Brandão, *LDB, passo a passo;*
Cilene T. Chakur (Organizadora), *Problemas da Educação sob o olhar da Psicologia;*
Cláudio de Moura Castro, *Os tortuosos caminhos da educação brasileira;*
Cláudio Pereira de Souza Neto. Verbete Pluralismo Político *In* DIMOLIUS, Dimitri. *Dicionário Brasileiro de Direito Constitucional.* Editora Saraiva;
Daniel Nobre Morelliv. *Notas sobre Pluralismo Político e Estado Democrático de Direito,* Portal Universo Jurídico;
George Rosen, *Uma história da Saúde Pública;*
Gilmar Ferreira Mendes, Inocêncio Mártires Coelho, Paulo Gustavo Gonet Branco, *Curso de Direito Constitucional,* Saraiva;

Ives Gandra da Silva Martins. *Conheça a constituição*: ed. Manole;
Jairnilsom Silva Paim, *Desafios para Saúde Coletiva no Século XXI*;
_____, *Política e Reforma Sanitária*;
José Afonso da Silva, *Curso de Direito Constitucional Positivo*, Malheiros;
Noêmia Leroy, *O gatopardismo na educação;*
Norberto Bobbio; Nicola Matteucci; Gianfranco Pasquino. Verbete Pluralismo In *Dicionário de Política*. Volume II. Editora Universidade de Brasília;
Vários autores, *Educação no Brasil.*

Este livro foi impresso na Edigráfica.
Rua Nova Jerusalém, 345 Bonsucesso, Rio Janeiro, RJ.